U0947942

引領經營之道

傳播智滙人生

時在甲午年季冬 逢保義題於北京

《智汇人生》访谈栏目系列丛书

经营之道

中小企业十项管理实务

探索企业成功密码 帮助突破管理瓶颈
植根中国企业沃土 教你做最优秀的经营者

熊思远 著

中国财富出版社

图书在版编目（CIP）数据

经营之道：中小企业十项管理实务／熊思远著．—北京：中国财富出版社，2015.8

（《智汇人生》访谈栏目系列丛书）

ISBN 978－7－5047－5713－5

Ⅰ．①经…　Ⅱ．①熊…　Ⅲ．①中小企业—企业管理　Ⅳ．①F276.3

中国版本图书馆 CIP 数据核字（2015）第 100441 号

策划编辑	宋　宇	**责任编辑**	王　波　赵笑梅		
责任印制	何崇杭	**责任校对**	饶莉莉	**责任发行**	敬　东

出版发行	中国财富出版社		
社　　址	北京市丰台区南四环西路 188 号 5 区 20 楼	**邮政编码**	100070
电　　话	010－52227568（发行部）		010－52227588 转 307（总编室）
	010－68589540（读者服务部）		010－52227588 转 305（质检部）
网　　址	http：//www.cfpress.com.cn		
经　　销	新华书店		
印　　刷	北京京都六环印刷厂		
书　　号	ISBN 978－7－5047－5713－5/F·2389		
开　　本	787mm×1092mm　1/16	**版　　次**	2015 年 8 月第 1 版
印　　张	9.75　　**插　页**　1	**印　　次**	2015 年 8 月第 1 次印刷
字　　数	147 千字	**定　　价**	32.00 元

序　　言
中小企业面临的经营困局

作为一家中小企业的老板，你可能已经对以下的场景习以为常：

为了多争取到一名客户，你经常熬夜到凌晨才能睡下，可一大早又被公司的电话吵醒；睡眠时间严重不足，但还得拖着疲惫的身体去公司；会议室里，大家早就已经在等候你了，大家满脸焦虑，显示他们正在等你做出下一步的决策；工厂突然不知缘由地发生了严重事故，生产线已经停了；事故的善后工作更加令人头疼，各种赔付、生产线怎样重启、耽搁的订单怎样才能如期完工……

形如这些突如其来的麻烦，正时时刻刻刺激着你这颗将企业做大做强的心。而你心里明白，这些都只是近忧，后面还有更令人困扰的远虑。

由于你的企业规模不大，能给予员工的待遇只能达到中等水平，所以，花大力气培养起来的熟练技术工人和专业的车间管理干部都奔着更好的待遇而去；由于资金短缺，导致生产线陈旧，工厂的生产效率低下；遇上金融危机，你的海外订单急剧减少，生产面临巨大风险；资金短缺，从银行贷款的机会渺茫，而高利贷更会让你望而生畏；好不容易从银行贷款，花巨资引进新的生产线，却面临市场瓶颈。

人才留不住，企业规模始终无法扩大；员工执行不力，设计好的流程形同虚设；公司缺乏制度创新，员工只顾着钩心斗角，丝毫不关心企业的发展；销售额虽持续增长，但利润却不见增加；花大力气争取新顾客，却遭到新顾客的不断抱怨，老顾客也都成了过去时；新产品毫无竞争力，经销商们不愿意进你的货，让他们代销可以，但要他们掏钱就难于登天；产品同质化，没有创新，消费者不买账……这些都是中小企业成长中面临的典型问题。

方方面面的问题，让你觉得越来越累。既有身体上的累，更有心累，各种累叠加在一起，让你身心疲惫，无法缓解。在企业还小时，当老板的可以面面俱到；当企业不断地做大做强时，所耗费的体力、精力、心力会成倍增长，想要事必躬亲，已是难于登天。

当然，老板累一点，多付出一些，如果企业按照自己设想的轨道做大做强，那倒让人欣慰，可问题是，现实情况往往事与愿违，人越累公司发展越缓慢，甚至恶性循环。于是，你开始怀疑自己还有没有把企业继续做下去的必要。

之所以会遇到这些问题，是因为时代变了，企业的经营环境已经变得非常复杂。另外，企业变大之后，各种经营管理跟不上，以致企业缺乏应对内、外部环境变化的能力。

有鉴于此，本书的首要目的就是帮助这些中小企业经营者从以上的经营困境中走出来。在整理、总结案例的过程中，我把中小企业做大做强的10项经营之道做了梳理和归纳，并按照人才、流程、制度、营销、客户管理、创新、财务管理、品牌、团队建设、企业文化十大问题分为十章，在每一章里，我为你——中小企业的老板提供了一些实用的解决方法或建议。

能思远

2015年5月26日

目　录

第一章

经营企业先聚集人心

什么是最合适的人才，这个问题对于中小企业来说，“经济适用男”是首选。

无论一家企业规模如何，人才都是企业不断发展壮大的重要因素。对于中小企业而言，在选择人才上应该选择符合自身经济实力和实际需求的“经济适用男”，而不是“豪华男”。

“经济适用男”是一个网络流行语，被定义为身高一般、发型传统、相貌过目即忘；性格温和，工资无偿上缴给老婆；不吸烟、不喝酒、不关机、不赌钱、无红颜知己；月薪2000元到10000元，有支付住房首付的能力；一般从事教育、IT、机械制造、技术类行业的男人。

中小企业寻找人才，也要遵循门当户对的原则。万通地产董事长冯仑说：“所谓的人才实际上一定要匹配，而不是说学历高、长相好，外在的东西，要把他变成内在的适合企业的人才。在不同的阶段，有不同的男人适合不同的企业。”

新东方总裁俞敏洪也认为，很多时候，人才是困扰中小企业发展的痛楚之一。他说：“豪华男可以在一些专业性的领域加以重用，但在吸引时必须加强人才的融合，就像器官移植中解决排异问题一样。”

中小企业在不同程度上都存在“豪华”人才难觅，人才流失的现象。既然找不到豪华型人才，那就找经济适用型的吧，经济适用型可以不断改造，不断学习。学历多高不重要，重要的是他怎么提高自己的能力。这就需要中小企业的老板们学会如何经营人才？如何留住人才？如何培训人才？如何储备人才？做好这些，经济适用型人才也可以创造大效益，助推你的企业不断发展壮大。

1. 全面撒网，招聘最合适的人才

某中小企业人力资源部李经理，一直为一件事情困惑不已。他每次从人才市场出来后，都有一种沮丧的感觉，一方面是企业急需人员；另一方面是每次去人才市场都无功而返。

这种尴尬的困境，想必很多从事人力资源工作的人都不陌生。因为在企业的招聘中，发生这种情形的频率太高了。这样的不足很明显：一方面严重地影响了企业的招聘效率和招聘质量；另一方面加大了企业招聘的隐性成本和显性成本。特别是中小企业，资金规模不大，如果把钱浪费在了人才招聘上，而不是用在企业做大做强、增强竞争力上，实在太可惜了。

那么中小企业该如何解决这个问题呢？

这要先从源头上找原因，解决方案的关键还在于招聘渠道的精选上面。“对症下药”的做法就是，中小企业在布局招聘流程时，首先想到“我需要什么样的人”，其次是“怎样去找到这样的人”。

做好招聘渠道与招聘岗位特性的结合。第一，清晰岗位的特性，明白“我需要什么样的人”，熟知“这些人”的岗位层次、岗位重要程度、所属类别、招募的紧急程度、薪酬区间、市场供求状况、活动频繁区域等。第二，分析各招聘渠道的优点和缺点，只有对此了然于胸，才能做到科学选择。第三，做好结合工作，这是非常主观的。

“千军易得，一将难求”，要获得适合中小企业的优秀人才又谈何容易？中小企业壮大的第一步就是网罗到自己需要的合适人才。

总体而言，中小企业网罗人才的渠道大致可以分为四类：天网、地

网、人网、神网。

（1）中小企业招聘的六张“天网”

中小企业招聘的六张“天网”如表 1－1 所示：

表 1－1　中小企业招聘的六张“天网”

种类	适合招聘范围	优点	缺点
报纸广告	几乎所有岗位	发行量大，成本相对较低	信息真实性难辨别
杂志广告	高级和特殊领域专家	招聘特定人员比报纸广告更有针对性	杂志周期长，急需人才时不能及时发布信息
网络广告	几乎所有岗位	成本低，不受时空限制，信息量大	须对大量简历进行筛选，费时费力
电视招聘	高层次的人才	在黄金时段有利于宣传企业形象，能够筛选到优秀的人才	招聘成本高，招聘效果受收视率影响
电台广告	中低级岗位	提供信息，相关性高；开播与劳动和职业相关的节目	受收听率的影响，通过声音，受众有限
“另类”广告	年轻员工	新奇、独特的，在轻松的状态下接受招聘信息	传播范围有限，形式不正式

（2）中小企业招聘的两大地网

第一大地网是人才招聘会，包括综合招聘会和专场招聘会。中小企业根据不同的需求来选择。

招聘会上，各家招聘海报的格式几乎都一样，而且各个招聘职位的排版也几乎没有什么差异。这说明，在某种程度上，中小企业对招聘信息发布工作并不重视。

那么中小企业应该怎样重视信息发布工作呢？

具体来讲，在信息发布方面要做好以下两点：

①明确招聘重点。在将招聘信息对外发布时，中小企业需要根据不同

职位人员需求的轻重缓急来确定每次招聘活动的重点，从而为招聘活动确定一个核心。

②重点职位要突出显示。一般来讲，中小企业发布招聘信息的目的就是吸引求职者眼球，为了吸引求职者眼球，就要突出显示。中小企业在确定了招聘的重点和核心职位后，就需要在排版上对这些职位信息进行突出显示，如放大职位需求信息、加“急聘”二字等，目的是为了能够达到突出、个性、差异的效果。

第二大地网是参加校园招聘会。中小企业校园招聘工作流程：明确企业自身优势，制订适宜的招聘策略，组织有效的宣讲会，甄选适合企业的人才。

（3）人网，包括猎头公司与内部推荐

人网，包括猎头公司与内部推荐，如表1－2所示：

表1－2　猎头公司与内部推荐的对比

渠道种类	优点	缺点	适用情况
猎头公司	针对性强，招聘成功率较高，上岗效果也比较好；另外一些规范化的交流中心还能提供后续服务，使企业比较放心	费用昂贵，招聘时间长；须与各方反复沟通、洽谈	适用于中高层职位人员，极其重要的主管和技术性职位
内部推荐	节省成本，招聘成功率高，招聘费用低，对企业文化认同，有利于调动企业内部员工的积极性	较难客观评价和择优录用，容易形成小团队和裙带关系	适用于招聘各类人员（专业）

（4）中小企业招聘的“神网”

中小企业网罗人才的第四个重要渠道就是“神网”。品牌、信仰、使命、观念愿景、价值观等文化层面的东西吸引人才“走进来”。

每个企业都有自己的信仰、使命、价值观和愿景等，如果候选人在这方面非常认同企业，那么这种企业就对他们具有了很大的吸引力。

在企业人才的争夺战中，真正起关键作用的是文化，尤其对于知识型员工来说，物质不再是非常重要的东西。

综上所述，这就是中小企业人才招聘的四大渠道，在招聘的过程中，需要做到全面撒网，网罗企业最合适的人才，为企业壮大团队打下坚实的基础。

2. “筑巢引凤” 留人技术

中小企业可以花大价钱从人才市场网罗到自己需要的人才，但是接下来，同样会出现留不住人的困惑。因为中小企业的老板既不能与大企业拼规模，又不能与大企业拼竞争力。

人才是企业的灵魂，只有留住人才，用好人才，才能使企业在激烈的市场竞争中做大做强，永远立于不败之地。但是，在与大企业的竞争中，中小企业需要找到自己的生存之术，特别是在人才竞争上，该如何笼络住优秀的人才呢?

（1）待遇决定人才去留

在人事管理中，有一条著名的“海潮效应”：海水因天体的引力而涌起，引力大则出现大潮，引力小则出现小潮，引力过弱则无潮。一个单位的待遇越好，越能够吸引人才；待遇差，就很难吸引人才；没有待遇，当然就不会有人才上门。“待遇留人”虽然是一个老生常谈的话题，但也不能对其漠然视之。没有待遇这个基础性的东西，多数人才迟早会一个接一个地跳槽走掉。

合理的待遇是对人才价值的认可、对人才实实在在的尊重，能充分调动员工的积极性；同时，也能让员工没有后顾之忧，全心全意地做好本职工作，为企业创造财富。

我们知道，华为也是从一个小企业一步一步做大做强的。

为什么华为能吸引越来越多的优秀人才加盟呢？就是因为华为提出员工待遇应向外企看齐，以高收入吸引众多优秀的人才。华为工资之高与员工工作之拼命是成正比的，他们的工资要比其他公司高出很多。据说在华为公司干上5年的中层干部就有能力买游艇，华为早期那些持有股票的干部一年分红就是十几万元。

华为在提高员工工作环境上也是以“敢于花钱”出名的。1996年，华为在开发上投入了1亿多元资金，年终结算后发现节约了几千万元。任正非知道后说了一句话：“不许留下，全部用完!”开发部最后只得将开发设备全部更新一遍，换成了最好的。

华为甚至还提出“不敢花钱的干部不是好干部”“花不了的要扣工资”等理念，鼓励员工对重点客户的投入要不惜血本，大把大把地砸钱。员工出差，除了有很高的出差补助，交通费、住宿费、通信费都是实报实销。良好的待遇换来了员工的忘我工作，换来了华为的高速发展，使公司、员工都受益匪浅。

“舍不得孩子套不住狼”，中小企业的老板理应明白这个浅显的道理。只有提供良好的待遇，才能够吸引人、留住人，做到人尽其才，才尽其能，保证中小企业的生存与发展，为企业创造更多的财富。

（2）感情留人

人是有感情的“高级动物”，一旦满足了“吃、穿、住、行”等基本生活要求后，物质方面的吸引力就会下降，相反“幸福、快乐、健康”等精神方面的吸引力则会上升。

在中小企业内部，要注重人文关怀，提倡以人为本的经营理念，融洽干群关系，和谐工作环境，追求快乐的工作气氛和富有内涵的企业文化，这些都是感情留人的主要因素。

海底捞一开始不过是一家普通的火锅店，然而，最终却闻名全国，成为一家优秀的餐饮企业。它成功的秘诀是什么呢？其中重要的一点就是使员工满意，把员工当成家里人，以家人姿态关怀员工，为员工营造一个大家庭。

新员工进入海底捞首先要接受培训，因为工作内容简单，所以培训的内容并不复杂。但是，海底捞在培训员工的时候不仅会为员工培训工作内容，也会教给他们诸如怎么看地图、怎么用冲水马桶、怎么坐地铁、怎么过红绿灯、怎么使用银行卡等一些生活知识。

为什么要这么做呢？因为海底捞的员工多是来自农村、读书不多的年轻人。他们来北京打工，可能路不熟，也可能遇到生活上的难题，所以海底捞作为他们的亲人，就要设身处地地为他们解决这些难题。

海底捞的员工住的都是正规公寓或者住宅小区，里面有空调和暖气，每人的居住面积不小于6平方米。不仅如此，其宿舍所处位置必须能使员工步行20分钟之内到达工作地点。

为什么？因为北京的交通状况相当复杂，员工的工作时间一般很长，这些还都是大孩子的员工们需要充足的休息时间。

在海底捞，诸如这样的例子实在太多了。海底捞用实际行动关怀它的每一个员工，让他们真实感受到海底捞就是他们的第二个家。试想，在这样的环境下工作，员工能不满意吗？

海底捞带给中小企业的启示就是，企业要提高员工的满意度，不仅要根据自己的实际情况改善员工的福利待遇，更要在一些细节上关怀他们。只有这样，员工才能把公司当成家，为“家”努力工作。

（3）事业留人

优秀人才不是为了生存而工作，而是为了未来而工作。他们有能力、有梦想、有目标、有追求。优秀人才都希望自己将来能够成就一番事业，但是苦于自己没有本钱，没有平台，空有一身抱负，无法施展才华。如果他遇到了生命中的贵人，给了他一个机会、一个舞台，让他与老板共同创业，成就伟业，那么优秀人才一定愿意留下来与老板一起打拼。

所以，中小企业的老板们要懂得卖梦想。虽然你现在公司的规模还很小，虽然你现在什么都没有，但是将来可能会创造一切。因为任何大企业都是从小企业开始的，而大企业的人才济济，竞争激烈，好多优秀的人才也许不会被老板重用。而对于小企业来说，只要你是优秀人才，就有很大的发展空间，当然，这也意味着成功的可能性更大。

很多有眼光的优秀人才不会选择人才济济的大企业，而会选择在最具有发展前景的小企业工作。他们会把自己的职业当事业奋斗，而不会在乎工资的多少和一时的得失。

3. 做好员工培训， 培养人才

曾国藩用人有三个阶段。第一个阶段是在身边带。像营务处、秘书处的人，他每天与他们谈话，历练他们，并通过自己的言传身教影响他们。经过一段历练后，就进入第二个阶段。第二个阶段是到地方领军，任分统，或任中层或下层。从这时开始，如果他们经受住了考验，有实实在在的政绩，就能够进入第三个阶段。第三个阶段就是正式任命一个更高的层面，独当一面。

（1）培养中小企业核心人才

人才培养的最终目的就是培养核心人才，能独当一面的战略型人才。对于企业来说，这类人才占全体人员的10%～20%，从事核心业务，真正决定企业战略目标的实现，因此，也有人把核心人才叫作企业的“形象代言人”。

对于核心人才的管理，中小企业的老板经常会有这样的困惑：如何战略性地甄选出核心人才？如何动态地更新核心人才？

战略型人才是核心人才，而技术型人才是普通人才。企业一直在寻找、培养战略型人才，因为战略型人才总是在中小企业的发展壮大过程中，扮演着“定海神针”的关键性角色，中小企业在选择人才的时候，战略性思考能力总是被放在招募条件的首位。

技术型的人才也非常重要，在企业的运营中，发挥着中流砥柱的作用，扮演着执行战略的角色。如果没有一群技术型人才在认真地执行决策，再好的战略也只是空头支票。

企业管理中，要注意，很多杰出的技术型人才，被晋升到战略性职位后，反而表现平平，甚至失去信心，觉得工作中充满挫折，一点快乐都没有，这就是企业在对核心人员培养的过程中，没有全面培养员工的能力所造成的。

人才是企业巨大的财富，是企业核心竞争力的资本。尤其是对于中小企业来说，人才素质的高低决定企业能否做大做强。稳定、培育核心人才是中小企业的核心战略任务，需长抓不懈。曾任 IBM（International Business Machines Corporation，国际商业机器公司）总裁的郭仕纳说过：“21 世纪获得成功的企业，将会是那些尽力开发、培育核心人才的组织”。

（2）核心人才的评价标准

核心人才一般都是在企业里掌握着核心业务、处在关键岗位上、控制着企业关键资源、具有“无法替代”的技能或专长、对中小企业的业绩提升和长远发展产生较大影响力的员工。可以说，核心人才是企业永续经营的基础、持续发展的引擎。企业核心人才的评定从以下五方面进行：

关于核心人才的评价标准，著名的企业家杰克·韦尔奇这样认为：“在 GE（通用）的核心人才必须拥有 4E + 1P。”

“4E”“1P”是指：

①正能量（Positive Energy）：拥有正心、正念和正行，工作乐观、积极、上进，能带给他人更多正面激励，每天工作都精神饱满、神清气爽。

②鼓舞他人（Energize Others）：能够以自身百倍的状态激励他人，鼓励团队士气，保持高昂斗志。

③决断力（Edge）：能从复杂的环境和纷繁的信息中明确作出判断，当机立断，迅速有效决策，解决问题迅速有力，工作效率高。

④执行力（Execute）：能保质保量完成工作任务，并准时完成，工作中能主动承担责任，不推责，工作中能克服阻力，直指目标，工作结果常超出内外部客户的期望。

⑤热情（Passion）：内心充满热诚，待人接物热情，热爱工作、热爱岗位、热爱团队集体，对工作总兴趣盎然，充满活力和激情。

（3）核心人才培养的注意点

中小企业要想培养核心人才，必须建立适合自己的人才培育机制。核心人才培养不是一朝一夕就能完成的，是一个长期、系统的工程，需要企业用一套完善的机制来保证。

在通常情况下，核心人才培养需要注意以下四点：

①多元培养。在培养核心人才时，中小企业必须注重人才才华的专业性和能力综合性，多元化培养方式能提高核心人才的综合能力。多元培养的方式有多种，包括内部导师制、内部岗位轮换、内部技能比拼及出国深造、高校进修、短期封闭训练等，各家企业要根据自己的情况来筹划，选择适合自己的人才培养机制。

②完善计划。根据企业的经营所需，对核心人才培养时，要建立详细的培养计划，以列明培养的重点、方向、内容、对象、培养方式、激励方式、效果评估，确保核心人才的培养有章可循、有法可依。

③资源投入。核心人才培养是中小企业投资回报率最高的项目，需要企业持续投入。因此，有必要建立相关制度保障机制，确保资源投入的持续性。避免虎头蛇尾，雷声大，雨点小。

④体系保障。要使企业核心人才能力不断提升，人才队伍保持梯级发展，必须建立培养体系。要建立四大机制，包括核心人才评价机制、培养机制、激励机制、使用机制。在企业内部，形成核心人才你追我赶，百花齐放，互帮互学互励的良好循环局面。

（4）核心人才培养的步骤

中小企业核心人才培养，离不开丰富的培养方法和手段，确保培养出人才、出成果、出经验、出手册。

要做好核心人才培养，恐怕离不开这三步：

第一步：明目标。要想把核心人才的培养工作落到实处，就必须在企业内部构建明确的培养目标，使得人才培养有方向、有重点、有规划。汉庭连锁酒店创始人季琦非常认同这个观点：领导力学习需要做好五点：精湛的业务能力；善于带动部属和员工；为人正派、言行一致；注重公司长远利益和结果；热爱学习并在工作中常有创新。这就是汉庭酒店领导人培训目标，非常明确，有具体的标准，使得培训计划在实施时，能有的放矢，一切围绕目标建立培养计划。

第二步：多方式。核心人才的培养一定是多角度、多元化的。核心人才培育的特殊性，不同于新员工进到企业时的入模子培训，培养的手段是多种多样的，既有个性化的培养方式，也有多元化的培养方式，要相互结合起来做。

①个性化培养。核心人才与普通员工培养的主要区别在于个性化和多元化。个性化培养针对个别核心人才的特征、能力、岗位，采用个性化的方式、建立个人职业发展规划。企业在工作中形成了绝技＋荣誉、导师＋徒弟、项目＋人才的“捆绑式”培养模式，通过技术比武、岗位练兵、导师带徒等各项活动有机结合，形成了“技能优先、发展优先”的良好氛围，培养核心人才。

②多元化培养。核心人才培养多元模式，像岗位轮换、导师制、阶梯式、开放式等培养方法，不断提高核心人才的素质。

第三步：重激励。核心人才的培养，目的是能持续为企业服务，为企业创造核心价值。所以企业必须要系统地构建核心人才激励体系，以最大限度地留住核心人才。对于普通人才采用普通的激励方式，对于核心人才必须采用非常规的激励手段。对于核心人才的激励，包括事业激励、名誉激励、股权激励等方式。同时，企业在加大对核心人才的激励力度的同时，必须建立严格的考评制度，公开公平，使得核心人才能上能下，形成人才活力。

4. 人才经营中的储备必不可少

为什么在中小企业人才经营中，要多给年轻人机会？因为年轻人有着健壮的体魄、充沛的精力、发达的智力、丰富的创造力。人的一生中，25～45岁是创造力最旺盛的黄金时代。

中小企业发展需要多启用年轻干部，如果不敢重用年轻人担担子，既耽误年轻人的前程，也不利于企业发展。一切成功企业都敢于重用年轻干部。

微软公司曾经也是一家名不见经传的小公司，其不断发展壮大得益于重用年轻人。

微软创始人比尔·盖茨说："对我来说，大部分快乐一直来自我能聘请到有才华的人，与之一道工作。我招聘了许多比我年轻许多的雇员，他们个个才智超群、视野宽阔。如果能够利用他们睿智的眼光，同时广纳用户的进言，那么我们就还会继续独领风骚。"

20世纪80年代中期，很多企业提拔了一大批年轻人，造就了许多著名的企业以及中层干部。当时，青岛市破除了论资排辈的观念，从企业的长远发展着眼，大胆启用年轻人，海尔的张瑞敏、海信的周厚健、颐中的蒲强、澳柯玛的鲁群生都是在35岁左右就担负了企业的重任。

如果不给这些年轻干部机会，就很难保证这些企业能够像现在这样红红火火。

企业不仅要拥有一大批有真才实学的骨干人才，更要注意人才的培养与储备，而培养年轻人，要多给年轻人立功的机会。企业应该无论什么时候都要对年轻人寄予很高的希望，并多给年轻人成长锻炼的机会。

人才储备作为一种新型的人力资源消费形式，还没有被中小企业老板所认可，真正开展人才储备的企业并不多。然而，大多数中小企业还是认识到了人才储备的重要性：人才储备有利于企业制订长期发展规划，有利于企业可持续发展，没有足够的后备力量，没有形成合理的人才梯队，企业很难做大做强。

高级人才是商业社会的一种稀缺资源，具有明显的商品属性，具有很高的价值。而中小企业可以吸纳人才，对其投资培养，逐渐形成人力资源更替的良性循环。

那么中小企业需要在什么时候开始储备人才呢？

对于处在初创期的企业而言，最需要做的是站稳脚跟，对招聘而来的人要立刻委以重任，并获得立竿见影的效果，所以这个时候不必大力开展人才储备。但是当企业发展到成长期或者稳定发展期时，为了适应企业人才的更新换代和正常人员流失，就需要考虑人才储备的事项了。

职业经理人黎风光说：“人才储备主要是预防人才流失以及补充企业发展所需人才。企业发展需要不断补充新鲜血液，引进新思想、新方法，人员流动就变得很正常了，这也是自然规律。”

第二章

企业运营的流程优化与执行

公司的正常运营，都需要按照既定的流程来进行。因为流程决定了我们做事的程序和步骤，也厘清了每个人的岗位职责和工作要达到的标准和目标。可以说，一个优秀的流程是提高员工执行力的重要保障，当所有人都按照流程执行工作的时候，他们的执行力就得到了基本保证，他们的工作业绩也能得到相应的提升。

1. 优化流程， 追求过程的卓越

为什么我们中小企业的老板开始重视流程，因为流程可以让企业的管理更加有序和高效，流程优化的原则就是减少环节、提高效率、加强团队参与、减少个人英雄主义。

其实，企业的运营成本不仅存在于外（市场投入和营销之处），更存在于内，内部人员效率低下，也隐形地增加了企业的资金投入，而改进流程和提高销售业绩一样，也可以提高企业的盈利水平。

问题在于，人们不喜欢流程化、标准化的工作，主要原因是他们认为这么做只是方便了公司的管理与监控，对自己的工作业绩却无帮助，甚至会大大降低自己的工作效率。

实际上，这是一种严重的认识误区。在这里我要郑重提醒一句：把工

作流程化、标准化，最大的获益者并不是公司，而是个人。因为只有把工作流程化、标准化了，我们的工作表现才不会忽好忽坏，我们所追求的持续进步，也才能有坚实的基础。

亨利·福特说过这样一段话：“今天的标准化是明天改进的必要基础。如果你认为标准化是今天你所知道的最好的事情，但是明天就需要改进，那么你一定会取得进步。但是如果你认为标准是一种限制，那么进步就会停止。”

显然，一个人要想不断提升自己的工作业绩，就要让过去的每次成功或失败都“有迹可寻”。既要知道是哪些因素促成了成功，也要知道是哪些因素导致了失败。比如，如果你想提高效率，你就要知道过去做同样的工作耗费了多少时间；如果你想提高自己的工作质量，就要知道过去已经达到了什么程度以及哪些地方可能存在不足；如果你想降低成本，就要找到过去可能造成浪费的环节……

所有这些涉及提升自己工作业绩的目标，都需要你将过去的工作流程化、标准化。若不如此，就失去了一个比较参照的标准，那么所谓的提升，也就只能是一句空谈。

所以，如果你希望自己的工作能力能有持续提升，自己的职业生涯能有更好的发展，最好让自己的工作标准化，因为这是你持续进步的根基。

有人认为自己是知识工作者，干的都是创新的工作，每天都在面对各种各样的不确定性，所以既无法按标准化执行，也无法将工作标准化。于是，我们经常听到这样的话：

“我们都是有创造性的工程师。”

“我们不是做重复手工劳动的。”

“我们需要有规划我们工作时间的自由并保持创造力。”

……

这样的理由和销售员认为自己每天都在面对不同的顾客而无法控制住工作过程的标准化同出一脉，他们都认为自己的工作太过特殊。

但事实并非如此，我们曾经有这样一件事情：

我作为《智汇人生》电视访谈栏目负责人曾和大多数媒体人一样，认为文化产业是思想型、创意型工作，而要想让创意飞翔，让文化人的浪漫、理想能滋润文化产品的内涵，就不能对文化工作者进行标准化的管理，否则会阻碍创意产业的经营与发展。因此，对员工的管理就比较宽松，既不敢要求，也不敢管理，生怕冒犯了神圣的创意形成。但这样做造成的结果却让我大失所望：《智汇人生》栏目组所有的工作不能如期完成、不能高质量完成、不能精准地完成……

痛定思痛，我们开始改变管理观念，发现更长的时间未必能得到好的创意，延迟也未必能提升工作质量，而且我发现创意和质量与人有关，但与时间几乎无关。你找对了人，创意、质量都会有，而且可以预测，可以预期，也可以管理。但如果找错了人，创意与质量就会很难有保证，给再长的时间，有再浪漫的环境也没用。

有了这样的认识，我开始在栏目组内要求“准时、守时”，任何事绝不能拖延。当时，栏目组最经典的对话是：

“如果再多给我三天，我会做得更好！”

“不要用质量做借口，多给三天你也未必能写出更好的稿子，质量不能把握，还是先把握时间！”

在这种严格的标准化要求之下，我们发现工作流程变顺畅了，所有的工作都变得可以规划、可以预期、可以管理，下游的协力公司配合也更容易。更奇妙的是，组内错误开始减少，直接成本开始降低，而产品质量、业绩以及整体获利却得到了提高！

由此，得出一个结论：文化创意产业，“创意”虽然无法管理，但在产品生产流程管理上，却和所有产业没有两样，准时、精准、寻找最佳实务、工作标准化、严格检查、品管等，都是文化创意产业可以适用的办法。

这一结论显然会颠覆许多人的认识。但事实就是如此，且不说文字工作人员，就是同样极具创新意义的产品开发人员，其大多数工作也必须在标准化的基础上进行；若不如此，其不但无法保证工作质量，也无法快速高效地开发出迎合市场的新产品。

事实上，标准化和创新性是可以共存的。以精益管理著名的丰田产品开发流程已经表明，各类标准化确实给项目团队带来了很大的灵活性，提高了速度以及执行的准确性，通过提高可靠性以及系统的可预见性而改善了质量，并通过消除浪费而降低了成本。

如果你想持续提升自己的业绩，就请把“创意”这个借口抛掉吧，因为没有标准化，持续提升几乎是不可能的。

2. 尊重流程才能有效执行

我们总是没有时间把事情一次做对，却总有时间把事情做错了然后重新再做。

我见过一位对公司流程极其排斥的人。据说，原来的时候，此人有需要领导拍板决定的事情，直接到老板办公室说一下就能敲定，效率确实非常高。

后来，新来的公司总裁实施严格的流程管理，他再有什么事情，就必须按流程经过各个部门的审批同意才可。这让他非常郁闷，经常讥讽新总裁制订了一堆烦琐无用的“玩意”。而且，只要一有机会，他就会故意违反流程，以表明自己对流程的态度。

说起来，此人比较有能力，也算是公司的骨干力量。但我在与他仅有的一次打交道过程中，却发现他身上存在着很多问题。确切地说，他不重视企业流程的运用，并且存在一种抵制态度。比如，他做事没有规划，经常因为前期工作做得不到位而在后期大量返工甚至完全推倒重来。尤其是涉及跨部门或与客户有关的工作时，他不是先去沟通，而是直接按照自己的想法去做，等别的部门或客户提出不同意见时，他又反过头来重新修改，或者因意见不统一与对方在言语上出现冲突。

人们之所以排斥某些事物，要么是因为对它们不了解，要么就是自以为是，总是很主观地认为“它就是那个样子”，所以不愿意接受它。以流程为例，在很多人看来，它就是公司为了方便管理，强行约束人们的工作行为，统一人们工作方法的一套规矩。所以很多人都会排斥它。

但事实并非如此。如果我们以开放、积极的心态接受并了解流程，就会发现它带给我们的不仅仅是工作方法和工作习惯的改变，更重要的是从任务导向到流程导向的工作理念的改变。比如，在任务导向的工作理念下，如果你问制造车间的一个工人他是干什么的，他会说他在操作一台机器。如果机器在运转，他在完成每天的工作定额，那么他会觉得他在履行他的职责。至于他的机器生产的产品是不是堆积如山，那不是他的问题。如果产品没被装运出去，那也不是他的问题。

但是，在流程导向的工作理念下，这位工人会认识到他并不仅仅是做他自己的事情，操作他的机器。他会认为他是在为厂里的整个事业做贡献，即执行能生产出被装运货物的流程。现在，如果他的产品堆积起来，他就会毅然担起责任，弄明白下道生产线发生了什么事情。他这么做并非出于对公司的忠诚，而是由于从任务导向向流程导向的转变改变了他对自己是谁以及自己在干什么的认识。

无论做什么工作，如果我们在执行时能够考虑到下道工序的需求，甚至考虑到对整个公司流程的影响，我们的工作效果会与以前大不一样。要想实现这个目标，我们首先就要接受流程、了解流程，并且尊重流程，而不是排斥流程。

是否愿意按流程执行，能否执行到位，最大障碍不是专业技能与能力，而是心态。否则，我们就无法解释有些人为什么连最简单的流程都执行不好了。

心态决定了我们执行流程的态度。一个把自己看得过于重要的人，会不尊重流程，从而不按流程执行。这类似于特权心理：有些人做普通职员的时候，低眉顺目，按部就班，绝不逾规矩一步；一旦当上了领导，就趾高气扬，觉得自己可以凌驾于公司的规章制度之上，这就是特权心理。还有一些人，虽然没有特权心理，但却恃才傲物，过于自负，总认为自己的那一套工作方式才是最有效的，所以也常常对公司的流程不屑一顾。

无论是谁，只要有了这两种心态中的一种，就会离执行的正确理念越来越远，当然，离公司的要求也会越来越远。

对待流程的正确心态应该是尊重。唯有尊重流程，才愿意去执行。一个对流程不尊重、不信任的人，即便是做最简单的工作，也很难百分之百地按流程执行。

3. 决定流程执行力的 4 种素质

（1）让自己变得职业化

对于中小企业来说，要想做大做强，管理的流程化、标准化是必然选择，因为这是企业减少浪费、提高效率的保证。而要想保证流程化、标准化的顺利实施，员工就必须具备职业化素质。

未来的中国企业，必须改变以前靠成本优势粗犷发展的模式，在提高技术竞争力的同时，向精益化组织发展。这是基于国内各种资源衰竭、劳动力成本不断上升的自然选择——精益化管理起源于日本，正是与日本的国土太小、资源紧张、劳动力成本过高有关。

这就意味着，管理的流程化、标准化将成为未来企业的必然选择，因为这是企业减少浪费、提高效率的保证。而要想保证流程化、标准化的顺利实施，员工就必须具备职业化素质。

毫无疑问，向精益化管理转型是国内中小型企业不可阻挡的大趋势。因此，要想跟上企业发展的步伐，我们每个人都要提高自身的职业化素质——做不到这一点的人，将会被时代抛弃。

要想成为职业化员工，首先要具有职业化心态。职业化心态最大的特点是，碰到任何问题，不是去抱怨或推卸责任，而是始终如一地站在公司的角度，主动积极地去解决问题。

职业化心态对流程执行力起着重大的作用。因为有着职业化心态的人，必定有着良好的职业操守，也必定能够主动而非被动地去执行工作。更重要的是，他把遵守公司的“游戏规则”视作必然，把为公司创造效益视作自己的职责。

除了职业化心态，我们还必须具备职业化技能，也就是要具备岗位工作所要求的工作能力。职业化技能不仅仅指专业知识，也包括时间管理、沟通技巧等能力，是一个人综合素质的体现。

另外，还必须具备职业化操守。职业化操守包含两个内容：一是事事按流程执行；二是事事站在公司的角度考虑问题。判断一个员工是否具备职业化操守，最简单的方式就是看他的日常言行。如果他在与公司以外的人谈事时，只从个人的身份出发，而考虑不到自己的一言一行都代表着公司形象，那么这个员工就不具备职业化操守。反之，如果一个员工在和别人谈起自己的公司时，总是非常谨慎，处处维护公司的形象，那么这个员工一定有着强烈的职业化操守。

对任何一个员工来说，在一家公司工作，不管你是否真的喜欢这家公司，除非你选择离开它，否则就要接受它，接受它的价值观，接受它的规章制度，接受它的游戏规则。从某种意义上说，接受公司其实就是接受自己。在一个自己不满意的环境中工作，肯定不会获得成功。

（2）强化自己的岗位精神

一个道德高尚的人不一定是一个合格的员工。任何企业需要的都不是道德模范，而是能够遵守规章制度的员工。一旦忽视了这一准则，那么企业的规章制度也就失去了意义。

一个连自己职责都不清楚的员工，必定无法做好工作。同样，一个不能时刻牢记自己职责的员工，也无法把工作做好。

要想牢记自己的工作职责，就需要具备岗位意识。

所谓岗位意识，就是明确自己在工作中的职责和角色，知道哪些是必须要做的，哪些是不能做的。简单地说，岗位意识就是你要知道“我是干什么活的”。

任何一个岗位都包含了责任、权利和义务这三个要素。有多大权利就要承担多大责任，有多大的权利和责任就要尽多大的义务，这三者是一个整体，无法分开。如果不明确自己的岗位职责，就无法给自己定位，不知道该干什么，更不知道该怎么干，干到什么程度。

例如很多企业的营销人员，他们并不真正理解自己的岗位职责，明明干的是营销，却把自己当成了推销员。而根据营销大师科特勒的观点，营销的目的就是停止推销。可见，营销人员去干推销，就是对岗位职责的不明确，对工作内容认识不到位。

要想成为优秀的员工，仅仅知道该干什么还不够，只有当我们把所做的工作看成“这是我的工作”的时候，才真正具备了岗位精神。

岗位精神高于岗位意识。它意味着即使你不喜欢自己的工作，甚至当你在工作中遇到了各种各样的困难、挑战时，也会一丝不苟、认真负责地把它做到位，而不是草草应付。如果说岗位意识还停留在“我是干什么活的”这个境界，那么岗位精神则达到了“这是我的工作”的境界。

有的员工在工作时间聊天、玩游戏、上网，甚至离开工作岗位去做其他事情；还有一些人未经公司允许就擅自脱离工作岗位，到公司外面去办“私事”。这些行为，都是缺乏岗位意识的表现。

企业不会喜欢一位缺乏敬业精神的员工。无论你智力多高，能力多强，只要你缺乏敬业精神，就不是企业需要的员工，更不会受到上司的赏识。

无论你处于什么岗位，首先要做到的一点就是，不能违反岗位制度。否则，即使你做出了工作成绩，也难以被别人认可，甚至还会受到领导的猜疑：他会把你当成“有组织无纪律”的员工来对待。

（3）经营你的责任心

通常来说，责任心就是对待工作的态度，就是一定要把工作做好的精神。其具体的表现，就是以主动积极的态度工作，并且严格遵守公司的规章制度，事事按流程执行，绝不在工作中偷奸耍滑、玩忽职守。

许多公司在强调责任心的时候，也基本上是围绕着以上内容来强调。

实际上，上面对责任心的解释并不全面，主要还是围绕着树立责任心的态度和行为来强调。至于如何通过责任心的加强来确保工作的执行到位，并没有真正涉及。比如，一个满腔热情、态度积极，并且事事按流程执行的人，就一定能把工作执行到位吗？答案是不一定。

一个人是否有责任心，其实应该从三个方面来看。第一就是对待工作的态度，比如是否积极主动，是否有奉献精神等；第二就是执行工作时的行为，也就是是否遵守了公司的规章制度，是否按流程执行、按标准化操作；第三点很重要，但也常常被人们忽视，那就是我们是否真正了解了自己的工作。

以上三个方面，最关键的是第三点。要想知道一个人是否真的有责任心，仅靠第一点和第二点是不够的，因为这两点都可以“造假”，唯有第三点造不了假。

这个并不难理解。最典型的例子当属那些职场投机者：他们在领导面前总是装出一副积极工作的神态，下班之后，领导不走，他们也不走，还经常拿一些不痛不痒的问题去请教领导，以表明自己的努力认真。在遵守规章制度和按流程执行方面，他们也往往做得很好，绝不逾规矩一步。领导很容易被这样的人蒙蔽，把他们放到一些重要的岗位上来。其实，要想看清楚一个人是否真的负责任很容易，只需要问他几个正在进行的工作上的问题就可以了，比如他对正在进行的项目的理解和看法、项目的时间规划、进度规划、每个时间段所要完成的目标以及项目最终要达到一个什么样的效果等。

“追根究底”是台湾“经营之神”王永庆经营企业成功的秘诀。他曾说过：“经营管理，成本分析，要追根究底，分析到最后一点，我们台塑就靠这一点吃饭。”

为了追踪、考核台塑各下属单位，以了解命令贯彻情况，也为了了解各单位管理人员是否真正负起了责任，王永庆创立了著名的“午餐汇报”制度。

每天中午吃午饭的时候，王永庆会让一些中层以上的管理干部前来一起就餐。这个吃饭过程并不轻松，因为王永庆会突然指着一个中层管理人员，问他一个在他管理范围之内的问题。有些问题问得很刁钻，被问的人如果对自己所负责的工作了解得不透彻，即便提前有准备，也很容易被问倒。

事实上，王永庆并不搞突然袭击。对于午餐汇报，台塑每一个下属单位都有轮到的机会。轮到报告者，总管理处会在一个月前通知他们准备，随后拟订报告的主题和议程。报告者事前都会进行多次的演练，并做好充分的准备。

在用完午餐之后，即由下属单位主管提出报告。现场气氛严肃，会中王永庆若听到有疑问之处，立刻将报表折角，待报告停顿时，即以惯有的“追根究底”的方式不断追问。若中层管理干部准备不充分，或对问题了解不够深入，随时会被问倒。

一次，王永庆问某管理人员，你买进的这个椅子，里边材料是泡沫的，这种填充泡沫，你们以前花60元，这成本能不能降一降，我听说别家有40元的。

这名中层管理干部就说有有有，我们现在正准备着呢。

王永庆又说，市场上收的类似废泡沫是20元一斤，你能把成本降低到20元吗？

这一下就把中层管理干部给问住了："哎哟，没研究过。"

王永庆就说，你长个脑子整天研究什么了？你根本就没有仔细研究这个。

据说，台塑的管理人员为了应付"午餐汇报"，每周都至少工作70小时，他们必须对自己所管辖部门的大事小事了然于胸，对出现的问题进行真正的分析研究，才能够过关。

从这种对具体问题的考核中就可以知道一个人是否真正了解自己的工作。

有的人看似每天都很忙碌，但如果你问他手头上的项目什么时候能完成，他却一脸茫然；你问他上个月完成了多少工作量，他还是不知道。这样的表现就称不上负责任。

要想真正了解自己的工作，我们就不能被动地去执行，更不能抱有应付的心态，而应该主动对所负责的工作进行详细的了解和分析，然后作出有针对性的计划。只有这样，才是一个真正有责任心的人。

（4）提升学习能力

执行力不仅仅与职业化、岗位精神、责任心这些要素有关，还与一个人的学习能力有关。平衡记分卡被称为是将组织的战略落实为可操作的衡量指标和目标值的一种新型绩效管理体系，其从四个角度来构建，其中一个角度就是员工的学习与成长，另外三个角度分别是财务、客户、内部运营。

按照平衡记分卡的理念，一个公司要想维持一个良好的财务状况，就需要获得客户的忠诚度和满意度，而客户的满意度与忠诚度依赖的是公司良好的内部运营，内部运营是否达标依赖的则是员工的学习与成长。

所以，员工的学习与成长是公司战略能否实现的一级驱动力。没有它，公司的战略就得不到有效地执行——许多公司的战略在执行中走形变样，其中一个原因就是员工在学习和成长方面做得不到位，不能很好地理解并执行公司战略。

那么，如何学习才能提高我们的执行力，更好地执行公司战略呢？答案就是有针对性地学习。

有所求才能有所学。很多人从小学到大学都在学英语，但还是学不好。这是因为在现实生活中很少会用到英语。如果工作中需要英语，人们有可能在短短的时间内就能达到良好的读写能力。当然，口语能力可能会差一点。

有的人读完本科读硕士，读完硕士读博士，可一参加工作，还是什么都不会。其中的原因，就是上学的时候只是以考试为目标，而不是像工作中的人那样是以解决具体问题为目标。

工作中的学习为什么效率高？因为它是以解决具体问题、提高个人执行力为目标的，所以其学习内容非常有针对性。比如，公司实施六西格玛管理，你就要去学习关于六西格玛的相关知识。不如此，你就无法利用这一管理工具去找出产品的问题、能做到什么程度、通过努力提高了没有，等等。

优秀的工作技能只能依赖于工作中的学习力。在学校里学到的知识，能够直接运用到工作中的并不多。可以说，真正决定员工能力的是能否在工作中具有学习力。否则，即使你在学校的考试成绩一直都是最优秀的，也难以适应工作中的各种需要。

良好的流程执行力主要体现在两个方面：第一是你的工作是否按流程执行；第二是你在按流程执行的时候，是否为公司创造了价值。通常来说，第一条大家都比较容易做到，因为大多数公司都有制度对大家的行为进行约束；而第二条要想做到就不容易了，它需要每个人都对自己的工作有深刻的理解。显然，要想理解自己的工作内容和工作意义，就需要有针对性地学习。

以星巴克为例，星巴克的价值主张之一是：星巴克出售的不是咖啡，而是人们对咖啡的体验。在星巴克，人们对产品质量的追求达到了发狂的程度，无论是原料豆及其运输、烘焙、配制、配料的掺加、水的滤除，还是最后把咖啡端给顾客的姿势、态度，都必须符合标准做得恰到好处。

显然，如果仅仅把星巴克理解为一家出售咖啡的店铺，而没有深刻理解它所追求的“体验”目标，那么，即使员工的一切行为都符合流程标准，也不一定能把工作做到位。

就像一位公司前台，如果她不明白前台职位的意义，不明白作为一名前台文员，既代表了公司形象，还要为公司的前期工作做好服务，让客户感受到公司的企业文化和人员素质，那么她很可能会在接电话或者接待来访客户的时候，表现出冷冰冰的态度。态度显然不在流程规定之内，但它对流程执行力起着很大的作用，因为员工是要创造价值而不是执行“形式”。

“执行流程”和“按流程执行”是两个不相同的概念。前者强调的是动作、行为要到位，而后者强调的是在动作、行为到位的基础上，让工作创造价值。明白了它们的区别，我们才能知道该去学习什么、该怎么学习。

4. 按流程执行的 7 个要点

（1）流程制度就是公司的“内部宪法”

对于中小企业的员工来说，不但要有“公司利益高于一切”的立场，还要有流程制度就是公司的“内部宪法”的心态。

通常来说，有什么样的心态就会有什么样的行为。你尊重流程，就会去接受它、维护它；反之，你就会对它不屑一顾，甚至刻意破坏它。而只有当我们在内心深处将公司的流程制度看作是“内部宪法”时，才会对它产生敬畏感，也才能最大限度地去遵守它、执行它、维护它。

之所以要对公司的流程制度怀有“内部宪法”的心态，是因为我们有太多的人对公司的流程制度缺乏敬畏感。我们可能知道流程的重要性，也可能知道按流程执行的好处，但是因为缺少敬畏感，很多时候我们并没有把它当回事。

当员工对公司的流程制度缺少敬畏感的时候，公司的管理就会出现各种各样的问题，公司的战略也很可能得不到有效的贯彻落实。最终，公司可能会丧失市场竞争力。

（2）80/20 法则

工作总是做不完的，而且任何工作活动都有重点和非重点之分。所以，一个高效的人不应该把时间和精力平均投入到每项工作活动中，而应该遵循 80/20 法则，找出工作中的重点和非重点部分，有针对性地分配自己的时间和精力。

作为中小企业，可以学习一些国际知名企业的经营管理，他们在经营管理运作中很注重 80/20 法则的运用，随时调整和确定不同时期的 20% 的关键处，并采用最高效的方法及时解决企业的关键问题。这一点，美国、日本的企业做得尤其到位。正是这些企业在管理中大胆运用 80/20 法则，才使得企业能够一直保持着良好的发展势头。

事实上，80/20 法则不仅仅适用于一个组织，对于个人工作效率的提高也非常有帮助。

美国企业家威廉·穆尔在为格利登公司销售油漆时，第一个月仅挣了 160 美元。此后，他仔细地研究了 80/20 法则，分析了自己的销售图表，发现有 80% 的收益都来自那 20% 的客户，但是他过去却对所有的客户花费了同样多的时间——这就是他过去失败的主要原因。于是，他要求把最不活跃的 36 个客户重新分派给其他销售人员，而自己则把精力集中到最有希望的客户上。不久，他一个月就赚到了1000美元。穆尔学会了80/20法则，并连续九年运用这一法则，最终成为凯利—穆尔油漆公司的董事长。

80/20法则告诉我们，一个人的时间和精力都是非常有限的，要想真正“做好每一件事情”几乎是不可能的，要学会合理分配我们的时间和精力。只有这样，我们才能高效地完成自己的工作任务。

对员工来说，利用80/20法则的关键是找到工作中的重点和非重点部分，这需要我们对自己的工作内容有充分的了解。

（3）第一次就把事情做对

我们的工作之所以会出现各种各样的错误，大多数情况下并不是因为我们的能力不够，而是我们认识上有偏差，总认为工作中出现错误是正常的。

错误的发生至少有两个前提：第一是我们容忍它的发生，因为它的发生与我们的切身利益没有太大关系；第二是虽然我们不希望它发生，但在内心却承认错误是不可避免的，因此没有采取必要的措施加以防范和避免，听任它的发生。

当我们认为错误不可避免时，错误就会如你所愿真实发生；如果我们认为错误是可以避免的，绝不容忍它的出现，我们就会想办法去阻止它的发生。

第二次世界大战的时候，美军向一家公司订购降落伞，要求质量达到100%合格。这一要求虽然苛刻，但考虑到降落伞的质量直接关系到空军人员的生命安全，也就可以理解了。但供货商却不答应这个条件，他们认为要求降落伞质量100%合格，不可能也不现实，因为谁也没有办法保证绝对不出错，因此难以保证不出次品。

双方坚持不下，最后军方不再坚持，但是提出了一个要求：收货的时候，随机抽一个，由供货商穿上，然后跳伞。这样一来，供货商提供的降落伞立即达到了100%的合格率。

现实工作中，许多人就像这位供货商一样，自认为错误是不可避免的，自己先在内心容忍了错误的存在，于是就真的犯了许多其实完全可以避免的错误。

要想把事情做对，就要让别人知道什么是对的，该如何去做。当然，这是站在公司的角度来谈的。现实工作中，领导安排任务之后，不一定会告诉下属应该怎么去做。这时候，员工该怎么办呢？

简单来讲，就是按流程执行，按照岗位标准操作指南执行，其遵循的原则是“谨慎计划，严格执行”。

（4）不是能不能做好，而是想不想做好

我们之所以在工作中总是出现这样那样的问题，不是因为我们不能把工作做好，而是我们在工作时没有树立一个积极健康的心态——不是能不能做好，而是想不想做好。

2005年8月14日，一架飞机从塞浦路斯起飞，前往雅典。飞机上有6名机组人员和115名乘客。就在前一天晚上，这架飞机刚刚接受过维修检查。不过，地面机务人员在做完增压测试后，并没有按照手册进行检查，将飞机恢复正常状态——本来，他应该把座舱增压置于“自动”模式，由于疏忽，他却将它置于了“手动”模式。机组人员在起飞后，也并未意识到增压选择器处于手动模式。

这个对细节的忽视导致了一场灾难。当飞机穿越地中海上空10000英尺（3048米）高度时，座舱高度警报响起。机组人员没有详细检查警报响起的原因，而是想当然地将它解释为一种错误的起飞技术状态报告。结果，机组人员由于缺氧而失去了驾机能力，由此导致飞机由飞行管理计算机和自动驾驶仪驾驶。前来护航的战斗机看到此飞机时，机组人员已不能响应空中交通管制的呼叫。战斗机没能与这架波音737飞机取得联系。在机组人员都失去驾机能力后，该飞机最终耗尽燃料，坠毁在距希腊1.3英里（2.0917千米）处。

这次对细节的忽视，导致了121条人命的丧失。可以想象，如果地面机组人员能够在做完增压测试后，遵守流程要求——按照手册检查一遍，问题必然会被发现，灾难也就不会发生。遗憾的是，这位地面机务人员没能严格地按流程执行，导致了隐患没能被及时发现，从而造成了这场灾难。

“天灾不可逆，人祸本可防。”许多惨痛的经历证明，有些事故不是天灾，而是人祸。可以说，现实中有80%以上的事故都是由于工作人员违背规章制度造成的。如果我们能够增强自己的责任心，严格地按照规章制度执行，做好工作中的每一个细节，就能大大减少这种人为灾难的发生。

（5）今日事今日毕

“日事日毕，日清日高”是海尔OEC（Overall Every Control and Clear，全方位优化管理法）中的一个理念。其意思简单来说，就是当天的工作要当天完成，今天完成的工作质量，要比昨天有质的提高。总之一句话：既要按时完成工作，又要在工作中不断改善、不断提高。

这样的工作理念理解起来很容易，但实践起来却很有挑战性。别的不说，仅仅“日事日毕”这一点，大多数人就做不到。今天的工作拖到明天，明天的工作拖到后天，直到自己都觉得不好意思的时候，才匆匆忙忙地把工作完成。

要想做到“日事日毕”，我们首先要对工作有规划。如果对工作没有任何时间规划，只是抱着做到哪儿算哪儿、今天完不成明天继续的心态，那么我们就无法实践“日事日毕”的工作理念。

要知道，无论是高层领导还是普通员工，每天在工作中都会处理许多琐事。虽然这些琐事对工作的意义不大，但会占用我们大量的宝贵时间。很多人每天都忙忙碌碌，但一天下来却发现自己没做什么事，这就是因为他们对工作没有规划，在时间分配上也没有规划，从而导致忙碌却没有效果。

所以，今日事今日毕的第一点要求就是要对工作进行规划，然后按照“要事第一”的原则执行。

有的人一旦制订了工作计划，就迫不及待地去执行，这看似干劲儿十足，但有时候却会导致欲速则不达的现象。在执行之前，应该拿出一点时间进行思考分析，这样效果会更好，效率也会更高。

第二点要求是要有极强的自我约束、自我控制能力。网络时代，许多人的工作都是通过电脑进行。一个自制力差的人是很难抵挡住网络的诱惑。所以，我们会发现有些人在上班的时候，总是一边工作一边聊天，或者工作一个小时，浏览网页半个小时。显然，处于这种工作状态的人是无法把注意力集中到自己需要做的事情上的。其工作效率也必然没有保证。最后，这种人只能对着一堆空计划和没有完成的工作发誓：明天一定要聚精会神地把工作完成。但到了第二天，一切又回到了原样，该聊天的聊天，该上网的上网，工作还是没有完成。

（6）权责清晰不错位

通常来说，错位的出现往往是由于对自己的角色认知不清而导致的。比如，你的工作就是营销，但你却花费大量的时间去研究技术，这就是工作错位。再比如，你本来是负责工作流程的 A 环节，却去做了 B 环节的工作，这也是工作错位。

天津有位副市长在访问华为时曾询问任正非：“为了帮助企业发展，你认为政府应该做些什么？”

任正非回答：“政府对企业最大的帮助就是什么也不要做，只要将城市的路修好，公园和道路旁边的花草种好，这就是对企业最大的帮助！”

虽然任正非的回答很有“挑衅”性，但他的观点是很明确的：政府应该做好自己的本职工作。去帮助企业发展，哪怕出发点是好的，也是一种错位行为，并不值得鼓励提倡。

一个“生态平衡”的社会，必然是每个组织都各司其职的社会。一旦有组织违反了这一原则，出现了职能错位的现象，社会的“生态平衡”就会被打破。普通员工在工作中的执行错位也会给团队带来很大的影响。对普通员工来说，错位现象通常是由职责不清晰，或者对岗位工作内容认识不够引起的。解决这一问题的办法就是了解工作流程，看看哪些流程活动是在自己工作范围之内的，哪些不是。有了这样的认识，我们就能够尽量避免错位现象的出现。

（7）工作程序化，行为标准化

流程管理的一大特点就是“凡事都要标准化”，也就是工作程序化，行为标准化。许多人都不喜欢标准化管理，因为它可能会导致你失去自我发挥的空间，更严重的是，它可能会让你丧失创造能力。

那些不喜欢把工作标准化的人会为自己找出各种各样的理由。有些高层管理者会用“这无法量化”“这根本无法做到”来为自己的行为辩解。

所有的辩解都是苍白的，因为有大量的事实证明，任何工作都可以标准化。

宝洁公司规定，任何广告出炉都必须经过完整的创作检验流程，每个流程都有检验标准，只有符合标准的广告才能拿到媒体上投放。这套流程可能周期长，广告推出的速度慢，但至少能保证不会有偏离目标的致命差错，因为一旦有了致命差错，大规模广告投放造成的损失会很大。

周密完整的流程对于宝洁广告的质量控制起到了很大作用，虽然它缺少一些根据市场情况做出快速反应的灵活性，但在相对成熟的日化行业，这种有条不紊的计划和控制往往很有效。

标准化的好处显而易见，它减少了风险，提高了效率，降低了企业的经营成本。

企业的领导应该尽可能地把工作都量化和标准化，这样不但可以更好地管理员工，还能够提升公司在市场上的竞争力。作为员工，在标准化的流程管理面前，不应该产生埋怨和抵触情绪。毕竟，标准化管理只会提升你的工作效率和业绩，而绝不会给你带来工作障碍。

第三章

好制度能让你的企业焕然一新

企业在经营过程中，不能把人情看得比制度重要。一个合理完善的现代企业制度，它的价值要远远比眼前的十几万元重要。而中小企业在经营过程中，最容易犯的错误就是靠人情来经营一个企业，那这个企业离破产就不远了。

1. 没有制度的管理， 出事找不到责任人

有一个令人很揪心的现象，当今的中小企业很难做大做强，要么垂死挣扎，要么奄奄一息。在全球经济一体化的大背景下，中国的中小企业寿命比较短。有媒体曾报道，中国的民营企业平均寿命才 2.5 岁，尤其是成长中的中小企业寿命更短。

之所以出现这样的问题，原因在于中小企业内部经营管理理念、管理水平落后，严重制约了中小企业的发展。毋庸置疑，任何一个老板都想把自己的企业做大做强。可关键是，有许多老板不顾自身资源匹配情况盲目决断，一味地模仿大企业的管理模式。

事实上，这种举动是不可取的，如果你对自身企业的运作方向缺乏定位和理性的思考，那么企业很有可能会走向衰亡。

我在给一家企业做咨询项目的时候，遇到一位相当精干的厂长。

他精力特别充沛，经常半夜十一二点还召集部属起来开会讨论工作。令我惊讶的是，尽管这样，他的部属们却没有什么怨言。长期以来，为了配合他的工作，部属们都心甘情愿地牺牲业余生活。可见，这位厂长的领导力非同寻常。有一天晚上，他吩咐助理出去办事，一路上助理上了哪趟公交车、在哪站下车、过了几条街道……他几乎都掌控得清清楚楚。可见，这位厂长的掌控力也非同一般。

可能正是由于对自己“超人”能力的过分自信，使得这位厂长忽视了制度建设。导致的后果是，工厂管理中挂一漏万，问题层出不穷。比如，那个原材料的管理，平时仓库的材料看似堆得严严实实，可是，当用到某个关键材料时，往往查遍仓库也找不到。原来，仓库管理中缺乏基本的进出仓登记制度。每天的生产计划都安排得满满当当，大伙也忙得不亦乐乎。可是，由于在排单中缺乏灵活应变的机制，总是出现有些重要客户的货赶不出来的现象，经常遭到投诉……人是管住了，事情却做不出成果，这样的管理能推动企业发展吗?

由此可见，没有制度的管理会严重影响企业的发展。

在拥有众多中小企业的群体中，我们往往听到最多的，不是抱怨做老板累，就是数落员工没有执行力。其问题的关键在于，在中小企业内部，工作没有章程，做事没有流程，干部不能做主，员工不敢担责，遇事就找老板，老板忙于救火，最终管理一派混乱。

俗话说得好，麻雀虽小，五脏俱全。一个中小企业也是企业，也需要有严格的制度来规范公司的行为。一个企业如果没有形成文字标准的管理制度、工作职责、衔接流程，那么员工想做事也不可能。做事没有准则，评价没有标准，奖惩没有依据，收入不与贡献挂钩，员工多干可能多错，多错可能多罚，少做或者不做自然少错或者无错，无错不被追究，员工还哪来的工作动力，企业又靠什么来做大做强。

所以我们说，中小企业成长的关键在于我们的中小企业需要一个良好的管理平台，在这个平台里建立适合企业发展的管理制度、工作职责、衔接流程、评价标准、奖惩管理。

2. 制度化管理关键在于“正”

中国人很聪明，但“制度”这个东西（包括制度的设计和遵守）总是搞不好。中国人的意识里制度的概念比较模糊。

我一直认为美国今天之所以这么强大，就是建国时把管理国家的体系和制度设计好了，大家可以安心搞建设。西方人的制度设计有时候是可以用“精妙”来形容的，而且对制度的执行在我们看来近乎呆板，因为人家是讲“法理情”，把法律摆在第一位；而中国人是讲“情理法”，只要自己认为合情合理，不管什么制度，都可以“聪明”地把它回避、歪曲、改造，直到这个制度等于没有。

比如红绿灯制度，在国外，只要有红绿灯，司机就会自觉遵守，甚至红绿灯由司机自己按，因为遵守制度已经融入每个人的血脉中；而在中国不少人对红绿灯视若无睹，一到十字路口，尽管红灯亮着，只要左看看没有交警，右看看没有电子眼，再看看也没有行人，汽车司机就一踩油门冲过去了。这些人往往还感到很骄傲，茶余饭后经常拿出来炫耀：我多么有办法，根本不怕它！

任何组织要想治理得好，不管是东方人还是西方人，都必须实施制度化管理。制度化管理关键在于“正”，要做到这一点，就要遵循以下原则。

（1）制度必须成为大家的共识

制度是什么？它的本质就是集体的契约。制度的出路在于，回归“集体契约”的本质，即制度应该是大家的共识。因此，制度只有在充分讨论、协商、说明、吸纳、说服的基础上制订出来，才具有公信力，大家才愿意去遵守。

先期制订的制度，对于后来者，又如何让他们自觉遵守呢？首先是充分地学习、理解，在容易看见的地方张贴公之于众，让成员对制度烂熟于心。其次是反复复习，经常不定期抽查，甚至组织考试，测试员工的掌握程度。

只有反复强调，才能让下属牢牢记住，只有让下属记住了，他才会去遵守。

（2）制度的制定必须具有可操作性

制度的可操作性包含两层意思，其一是制度制定时的弹性。

曹操出征张绣途中，为安抚民心，便谕村人父老及沿途官吏，曹军“大小将校，凡过麦田，但有践踏者，并皆斩首”。

巧的是曹操正在骑马行军途中，忽田中惊起一鸠，曹操坐骑蹿入麦中，践踏坏了一大块麦田。曹操立即叫来行军主簿，要求议罪。

主簿十分为难，曹操却说：我自己下达的禁令，现在自己违反了，如果不处罚，怎能服众呢？这时谋士郭嘉引用《春秋》为其开脱，此时曹操便顺水推舟，说“既《春秋》有‘法不加于尊’之义，吾姑免死”，以剑割下自己一束头发，掷在地上，“割发权代首”。

故事中，我们不停留在曹操如何带头执法的浅表层面去分析，应该更深层次地看到两点：第一，这个制度明显缺乏弹性，刑罚过重。具备弹性的做法是：应视具体情况处罚，造成损失不大的，照价赔偿；造成较大损失的，三倍赔给老百姓；造成无法弥补损失的，斩首谢罪。然后从肇事者军饷（或俸禄）中扣除。第二，由于在制度上缺乏适当的弹性，往往给执行造成难度，不得不通过“执行的弹性”来弥补，而当弹性地执行制度时，必将带来灾难性的后果，后面将谈及。

其二是执行制度时必须考虑其可操作性。

西北某市正在向国家申请卫生城市。2008 年年底，我到该市授课，一早起来，看到《××晨报》头版头条报道：为了配合某市申请国家卫生城市，从今日起，凡是在城市街道随地吐痰者罚款50元。看完报道后，我一愣：这个制度有可操作性吗？

晚上去上课时，我顺便将报纸带到会场，现场坐了200多名学员，都是来自不同企业的领导。我们就现场做了一个测试，请10名学员参与，其他学员一起见证。在课间休息时，走到会场门口，外面就是大马路，这10名学员就假扮不小心在街上吐痰了。

请你猜猜结果，半夜三更，会不会有城管跟上来向他们要罚款？答案是没有。原因很简单，上百万的市民，不可能每一个市民都安排一个城管一天24小时盯着，不让其随地吐痰。

此案例中，我们看到任何组织的制度的制定，必须要有可操作性。否则，设了也白设，反倒影响制度的震慑力以及执行力。

(3) 制度的执行必须具备刚性

制度是原则，不是拿来妥协和谈条件的。它是任何一个组织的“雷区”，是不能触碰，更不能被挑战的。只要是触犯了制度，就必须“违法必究”。我们的祖先给我们做出了榜样。

你知道“三令五申”的典故吗？

说的是春秋时期，著名军事学家孙武，他携带自己写的《孙子兵法》去见吴王阖闾。吴王看过之后说：“你的十三篇兵法，我都看过了，能不能拿我的军队试试？”

孙武说可以。吴王再问：“用妇女来试验可以吗？”孙武说也可以。于是吴王召集了一百八十名宫中美女，请孙武训练。孙武将她们分为两队，用吴王宠爱的两个宫姬为队长，并叫她们每个人都拿着长戟。队伍站好后，孙武便发问：“你们知道怎样向前向后和向左向右转吗？”众女兵说：“知道。”

孙武又说：“向前就看我心胸，向左就看我左手，向右就看我右手，向后就看我背后。”众女兵说：“明白了。”

于是孙武命人搬出铁钺（古时杀人用的刑具），三番五次向她们申戒。说完便击鼓发出向右转的号令。怎知众女兵不单没有依令行动，反而哈哈大笑。孙武见状说：“解释不明，交代不清，应该是将官们的过错。”于是又将刚才一番话详尽地再向她们解释一次，再而击鼓发出向左转的号令，众女兵仍然只是大笑。

孙武便说：“解释不明，交代不清，是将官的过错。既然交代清楚但仍不听令，就是队长和士兵的过错了。”说完命左右随从把两个队长推出斩首。吴王见孙武要斩他的爱姬，急忙派人向孙武讲情，可是孙武说：“我既受命为将军，将在军中，君命有所不受！”

遂命左右将两女队长斩了，再命两位排头为队长。自此以后，众女兵无论是向前向后，还是向左向右，甚至跪下起立等复杂的动作都认真操练，再也不敢儿戏对待了。

但是，今天很多中小企业的管理者，在执行制度过程中或意识淡薄，或碍于情面，或出于某种害怕心理，普遍缺乏这种刚性。在管理实践中，对待那些个别的、轻微的违反制度的行为，有些主管掉以轻心，执行时没有刚性，从而影响了企业的运营和发展。

3. 把制度建立在对人的不信任上

《韩非子》里有这样一则故事：

鲁国阳虎是一个很有才华但又很自私的人，他游说于鲁王、齐王，但都被驱逐出境，于是他又来到了赵国。

赵王十分赏识他的才能，拜他为相。有人向赵王进谏说：“大王怎能用这种人料理朝政呢？”赵王回答道：“阳虎或许会寻机谋私，但我一定会小心监视，防止他这样做。只要我拥有不被臣子篡权的力量，他阳虎又岂能如愿以偿呢？”

赵王一直对阳虎实施监督与控制，使得阳虎既没有机会以权谋私，又能够尽职尽责地在相位上施展自己的抱负和才能，终使赵国威震四方，称霸天下。

中小型企业的老板对下属授权的同时，一定要有监督。如果没有监督，就不知道下属在干什么，就控制不了整个局面。

监督是一种重要的管理手段，能够保证权力不被滥用和失控，能够及时地发现工作中出现的各种问题，便于采取适当的措施予以纠正和解决，从而保证顺利实现计划和达到目标。

对拥有权力的下属进行监督是必要的，这是授权后不可缺少的后续措施。作为中小企业的老板，我们不妨向跨国企业肯德基学习一下管理经验。

肯德基公司的店长们有相当大的自主权，但世界各地的上万家店却被美国的肯德基总部管理得井井有条，这离不开有效监督的功劳。

美国肯德基国际公司的9900多个子公司遍布全球60多个国家。一次，上海肯德基有限公司收到3份总公司寄来的鉴定书，对设在上海外滩的快餐厅的工作质量以及店长分3次鉴定评分，分别为83分、85分和88分。

这三个分数是怎么评定出来的呢？原来，肯德基国际公司雇用、培训了一批人，让他们佯装顾客潜入店内检查评分。这些“特殊顾客”来无影，去无踪，这就使得快餐厅经理、雇员时时感到某种压力，丝毫不敢疏忽，使得各级肯德基公司能够在全球保持一致的服务标准。

如果老板相信每个员工都是好人，盲目、无限制地信任他们，就很有可能将整个企业给毁了。当初，巴林银行就是因为对驻新加坡的里森“用人不疑”，结果三年来他一直做假账隐瞒亏损，最后造成8亿英镑的损失，迫使有200年历史的老牌巴林银行破产倒闭。

授权与监督是企业管理不可或缺的“两个轮子”，监督是与授权相配套的一种管理行为。监督中层就是在确立了目标并授权给下属后，关注其职责的履行状况，并及时发现偏离目标或要求的具体问题，采取消除偏差、纠正错误的措施，以确保下属尽职尽责地带领团队完成整体目标和任务。

4. 效益从制度中来

很多人并没有意识到，一次完美的执行应该是效率与效益的统一，而不仅仅是要一个好的结果。效率自然是在有效的时间内完成任务，而效益强调的是制度约束下的结果。脱离了制度约束下的结果，看似完成了任务，实际上却可能会给团队的长久发展带来更大的隐患。因此，一次有效的执行应该是在有效的时间内，在不违反公司制度的前提下，严格按照工作的流程完美地完成工作任务。

如果大家都能遵守制度，那么团队的工作效率就能得到整体提升，这就是制度的作用。

在丰田、雅马哈的精益生产过程中，工序中所需的所有零件都放到一个筐里，这个筐旁边有一张卡，后工序做完了，筐里的东西就用完了，再把筐旁边的卡片交到前工序去；前工序一看到这个卡片（上面有规格、数量），就等于接到了生产指令，立即开始做，做完又再往前工序挪。所以在日本式的管理中，每一个工序的工作指令都来自后工序，它不是领导下命令，而是后工序下命令，完全是按照制度规定的流程做事。这就是精益生产的核心。由于不是用人来管理，而是用制度、流程来管理，所以它才能保证效率与效益的统一。

从本质上讲，无论是制度还是流程，解决的都是最终效率的问题，而且，这种效率是团队的效率，而非个人的效率。当然，一个新建立的团队，在开始工作的时候，并不能立即体现出这种效率来，但随着对制度、流程的熟悉、磨合及不断优化，这种效率就变得非常明显。

要想把制度执行到底并不是件容易的事。很多人并不希望按制度做事，一旦制度制订得不合理，人们的这种心理就会更加强烈。所以，如何让团队成员都能在制度的约束下工作，对团队领导来说是一个很大的挑战。

万科董事长王石曾说过："一个制度规范的企业，才能产生更高的效率，让企业摆脱对个人的依赖，让企业减少波动以及由此而来的附加成本，获得一个健康的成长环境。"

对万科来说，当房地产开发进入"类工业化时代"的时候，运营效率的重要性无疑被大大提高了。然而，强调效率并不是片面追求速度而不追求运营的质量。孙宏斌的"顺驰速度"曾经是房地产业内的奇迹，但奇迹终究未能有一个完美的结局。由于过于冒险的财务政策以及疏松的运营管理，顺驰的资金链在宏观政策巨幅调整下终于支撑不住了，以12亿元的"跳楼价"将自己托付给了路劲基建。

同样依靠大量项目滚动开发的万科，与顺驰截然不同。在保障财务管理稳健运行的基础上，万科狠抓流程、制度管理。在日常工作中，万科员工几乎不用浪费时间在摸索工作流程上，只要按照内部网上提供的工作流程图及说明文照做就可以了。这也保证了万科分布在全国各地的70多个项目能够在总部统一指挥下正常运转，不至于因"天高皇帝远"造成部分项目操作失控。

相比万科，顺驰输在了对流程和制度的执行上。了解顺驰的人都知道，顺驰在内部管理方面也曾有过一套看上去很完美的工作流程和制度，但是由于公司片面强调发展的速度，忽视了对制度、流程的重视，终于造成了"有法不依""执法不严"的局面，个别子公司的普通员工都可以越级签署数百万元金额的合同，在这样混乱的管理下，公司又怎么会有战斗力！

当然，除了对制度的不重视，制度得不到有效执行与制度的可操作性差、制度体系不完善、制度不能与时俱进等也有很大的关联。

当制度的定位过高，超出了员工的素质水平和接受能力时，很多员工因为达不到要求就会失去信心。所以，很多务实的管理者在制定制度时，会特别重视制度的可操作性。比如张瑞敏在接掌海尔后，所制订的“13条规定”，条条都是指向人们的行为底线，可操作性非常强，所以很容易就被大家接受了，从而打下了严格遵守制度的良好基础。

制度体系不完善也会影响人们遵守制度的积极性。有的公司和团队对员工违反了制度的惩罚措施非常清晰，但对员工的奖励措施却含糊其词。比如，给予“表现优秀者”一定的奖励，但何为“表现优秀”，却没有明确的标准，完全由领导的主观认识判断。这就无法调动起人们遵守制度的积极性。

而且，很多管理者为了独善其身，往往在制定制度时只对员工进行处罚，而逃避自己的管理责任。比如制度规定：对不按照工作流程执行的员工，发现一次罚款5元。制度很清晰，但这样一条简单且很有必要的规定并不能得到很好的执行，为什么？因为管理者即使不对违反规定的员工进行处罚，也不会有人认为他有过错。

如果我们把这条制度完善为：员工不按流程执行是员工违规；管理者发现员工违规而不进行处罚，则应看作管理者违规。如此一来，管理者和员工之间就形成了互相监督的关系，对制度的遵守也就进入了良性循环的阶段。

建立制度的唯一目的是提高效率和效益，如果制度不能与时俱进，变成了发展的障碍，那它就成了一种虚设，人们也不会真正去遵守它。所以，当制度成为公司发展的障碍时，团队领导就必须及时地向上司提出解决方案。否则，不但团队的工作效率会受到影响，员工的工作热情也会随之降低。

中小企业的老板应该向联想的柳传志学习。柳传志认为，高级管理人员不仅要执行程序、制度，还要不断创新，明确什么是目标，什么是手段。在现实生活中，不少人在执行程序和制度时把最终目的忘记了，把流程搞得越来越复杂，用个形象的比喻就是面多了加水，水多了加面，始终走不出这个怪圈，这就要出大问题。毛主席之所以伟大，就是因为他能在复杂的形势下利用灵活的手段，实现了壮大自己、消灭敌人的目标，最终取得了革命的胜利。

据说，联想在管理理念上曾与外籍 CEO（Chief Executive Officer，首席执行官）有过分歧。因为外籍管理人员喜欢固守已有的流程和制度，并且很难接受联想的改革意见，所以与杨元庆产生了难以调和的矛盾，迫使柳传志不得不采取措施加以解决。

柳传志对这一问题的看法是："忘记了目的而做复杂的流程是天底下最大的笨蛋。比如建设销售渠道，就是要以最快的速度将产品销售到用户手上，特别是 IT（Information Technology，信息技术）行业，时间价值更加重要。"

一般来说，公司的制度与流程是不会因某个团队的特殊情况而改变的，所以，很多团队领导为了更好地激发团队成员的工作积极性，就在自己的权限之内在团队内部单独设一种"团队制度"。如果这种团队制度是公平合理的，那么还能被成员接受。如果团队领导在制定制度时，只强调团队的利益，希望成员规范言行，服从指挥，按照他的意志行事，而很少甚至完全不考虑团队成员的立场和个人利益，那这个制度只会激发成员和领导之间的矛盾，而不会给团队带来任何的效益。

只有合理的制度，才能提升团队的工作效率。要知道，制度不仅仅有约束的功能，还有激励的作用。而且，和物质的激励相比，制度的激励更重要，也更有效。很多公司的骨干和高级技术人才，尽管待遇不菲，但还是离开了公司，原因就是无论公司还是团队，都只注重金钱激励，却忽视了金钱之外的激励。

马斯洛的需求层次论认为，人的需求由低到高分为五个层次，即生理需要、安全需要、爱的需要、尊重需要和自我价值实现需要。赫茨伯格的双因素理论则认为，真正可以激发员工积极性因素的是那些对员工有激励影响的因素，如工作成就、工作本身、责任感、个人的成长机会等，而薪水、奖金、上下级关系等，仅仅能起到一种维持作用，无法起到激励员工的作用。

华为公司在其基本法中规定，“华为可分配的价值主要为组织权力和经济利益；其分配形式是：机会、职权、工资、奖金、安全退休金、医疗保障、股权、红利以及其他人事待遇。”在这里，公司强调，除了传统意义上所讲的经济利益外，特别把机会、职权等也作为一种分配形式予以关注。

可见，如何充分利用制度的激励作用是一个值得团队领导深思的问题。

5. 制度创造战斗力

用制度创造战斗力，很多人对这个观点不屑一顾。但事实就是如此，所有的大公司之所以能够做大靠的都不是个人的力量，而是制度的力量。中小企业的老板往往容易忽略这一点。他们总觉得企业是自己一手创办的，经常一个人说了算，老板就是制度。其实这是一种“小农思维”，是阻碍中小企业做大做强的绊脚石。

制度凝聚了大家的工作力量，也保证了公司的有效运转。在大公司里面，即使是 CEO 走了，VP（Vice President，副总裁）走了，CTO（Chief Technology Officer，首席技术官）走了，都无所谓，因为有一个健全的制度存在，随时都可以有人顶替空出的位置，以保持公司的战斗力。而如果没有健全的制度，一旦有核心人物离开公司，就会给公司带来非常大的影响，甚至会使公司元气大伤、一蹶不振。

“将熊熊一窝”虽然强调了团队领导的重要性，却也从另一面反映了这样的团队是缺乏战斗力的，而战斗力的缺乏，很大一部分是因为制度的缺失或不合理。事实上，从改革开放后中国企业的发展历史来看，成功企业往往都很类似，那就是创业期产品或产业的偶然选择加上企业家的素质。而这些能够继续做大并真正有能力向国际化进军的成功的企业，无不把制度作为提升公司战斗力的关键。

1998 年，任正非在华为的内部刊物上发表了《从必然王国到自由王国》一文，他认为创业阶段的成功是靠企业家行为，拼命抓住机会，不顾手中资源，奋力牵引。但企业要想持续发展就必须要摆脱三个依赖：对人才的依赖、对技术的依赖和对资本的依赖。在摆脱了这些依赖之后，企业要通过建立机制来塑造企业的基业常青。

任正非对机制的重视，从华为对产品研发的认识和实践上就可以看出来。华为一开始是靠代理别家产品起家，随后才开始研发自己的产品。接着，华为将交换机产品所获得的利润投入到光网络产品和智能网络产品中，又将从这些产品中赚得的钱继续投放到移动通信产品研发中去。但是，企业最困难的是掌握产品开发的规律，从而具备持续高效的产品开发能力。这就要求华为要有一套机制来保障一个高效的研发管理体系的运作。为此，任正非不惜投入十几亿元，花费了五年的时间，甚至不惜改变企业文化和原有集成产品开发的行为模式，目的就是为了建立一种高效的研发机制。

同年，任正非开始构建华为的现代企业制度体系，通过引进集成产品开发、集成供应链、财务四统一、IT 系统等国际先进的业务流程体系，让华为的组织运作系统更加有效。同时，制度的改变也推动了华为人从“狼性”向职业化的转变。

可以说，在华为还没有成为大众关注的焦点之前，华为的战斗力确实与“狼性精神”有关，但当人们开始关注并了解华为之后，华为的战斗力早就跨越了“狼性精神”，而表现为制度的战斗力，也就是团队的职业化战斗力。

制度要想形成战斗力，必须依赖制度的合理性以及人们对制度不打折扣的执行。如果只有制度而没有执行，那制度就不会转化为战斗力。如果有了执行但制度不合理，那制度也不可能转化为战斗力。

制度不是信仰，它无法直接激发团队的战斗力，但是制度的约束功能却可以凝聚人们的战斗力。如果制度失去了约束功能，即使它的激励功能仍然存在，团队依然会失去战斗力。

有一家公司为了更好地激励员工，让员工做到自觉自发地工作，决定改革公司的相关制度。最后形成的制度是，让每个岗位都“自负盈亏”，而且内部部门和部门之间、岗位与岗位之间都以“生意”的形式合作并交付，彼此互为客户，增强内部的服务意识。

该公司的出发点肯定是好的，但改革后的结果却让人失望。新制度实施后，一开始确实激发了大家的工作热情，提升了工作效率。但两个月后，问题开始出现了，公司的整体效益不但没有提高，还出现了各种各样的怨言，无所事事的人也越来越多。更出乎意料的是，公司内部的沟通越来越少，彼此之间的合作越来越难，而“自扫门前雪”的现象却越来越多。

好心没有得到好结果，原因就在于这家公司没有认识到人性的本质。人性都是好逸恶劳、避险图利的，在没有任何制度约束的情况下，人性表现出来的永远是最坏的一面。即使是所谓的绅士、君子，他们也不过是制度约束下的形象。当然，这种制度不是法律，而是道德的潜在力量。

任何组织都离不开制度，国家如此，企业如此，各种机关单位也是如此。制度虽然不能直接创造战斗力，但它却可以约束、规范人们的行为，凝聚人们的战斗力。缺少了制度的约束，所有的组织都只能是一盘散沙，而不可能有任何的战斗力。

事实上，没有制度约束的行为都是不可靠的。相信自动自发，相信只靠精神激励和物质激励就能让员工积极地工作，不过是一厢情愿的美好幻想。因为人性就是逃避约束、向往自由的。

由此可见，缺乏了制度的有效约束，无论是哪儿的人，都会变得散漫起来。我们不得不承认，一些企业的效率不高，战斗力不强，并不完全是人的问题，还有制度的问题。

用制度约束、规范行为，是团队具备有效战斗力的基本保证。团队越发展、越进步，就应该越强调和重视制度建设。而且，无论制度规定合不合理，只要没有修改，就必须遵守它、维护它，绝对不能有人凌驾于制度之上。

团队领导的责任之一就是以身作则，严格遵守制度并监督团队成员也按制度做事。那些希望自己凌驾于制度之上的团队领导，看似为自己牟取了私利，实际上却是毁掉了自己的长远利益。因为团队领导的进一步提升与发展，离不开他所创造的团队业绩。只有团队业绩上去了，团队领导才能得到上司的认可并被提拔。否则，即使你的个人能力再强，也只是一个适合单打独斗的员工，而不能担任带领团队的工作，更不要提更高的管理工作了。

第四章

用营销给企业的成长加速

世上最难的事是什么？就是让别人接受你的思想。销售工作恰恰就是一个让客户接受你的思想的过程。如何让客户认同你的商品或服务比他手里的金钱更有价值，从而让他愿意用金钱换取你的商品和服务呢？答案是引导客户，让客户接受你的思想。

1. 打造出色的营销团队

我们知道，销售对于任何一家企业来说都是一条生命线，销售团队更是企业占领市场的先头部队，销售团队是促进公司不断成长、扩大市场份额和提高获利能力的关键因素之一。

一个企业无论有多么好的营销计划，假如没有一支高效运作的销售团队来作为支持，就不可能有好的服务效果。

西方经济学家凯恩斯认为："我们知道销售服务不只是一个部门接到订单，接接客户的电话而已。企业的每位员工都在为客户服务，不论他们的工作是把货物放在盒子里寄给客户，还是在读顾客的来信、报价、送货、应顾客的要求修改产品、拜访客户、打字、分析、预测、谈判、编一个新的软件、修机器，等等，乃至任何其他我们没有提到的工作，这一切都是在为顾客服务。"

通过上面的这段话我们可以发现，对于销售的服务早已不是点和线的形式，而是要做到面。客户是企业生存和发展的根本，要想为客户提供优质的服务，就必须为他们打造一个专门的销售团队。

中小企业在建立高效的销售团队时，要坚持以下几个原则。

（1）要确定一个核心管理层

销售团队是中小企业联系顾客的重要纽带。由于本身地位和作用的特殊性，销售团队应该得到高层核心领导的指导和支持。这个核心管理层必须有计划能力、分析能力、控制能力和执行能力。管理层要通过自上而下的管理，运用行政计划和命令来加强整个团队的职能控制。

销售经理在对自己的销售团队进行建设的时候，要注意培养和选拔核心人才，并建立一种有序持久的人才贮备机制，来保证整个团队的运作不会因为组织人员的变动而导致服务质量的下滑。

（2）要制订相应的工作流程，明确岗位职能

制订工作流程的目的就在于从理论上给员工的工作提供一个具体的行为规范，让每个员工都知道各个环节与自己个人工作之间的关联性，这样就能够在很大程度上减少因为无序工作而带来的混乱，提高工作效率。

如果销售团队没有对自己内部的工作职能进行准确的定位，那么员工就无法用流程来引导自己的服务行为，这就很容易使两个职能不同的员工因职责不明而产生工作矛盾。

在销售过程中，整个销售团队必须明确各个岗位的职能。这种明确要具体到每个人的工作目标和范围，以避免工作的盲目性和无序性。所以，明确工作流程和界定职能范围是解决工作无序和盲目的有效方法。

（3）加强与各个部门之间的交流、沟通与合作

建立销售团队就是要让自己的服务管理成为一种体系，以体系来保证整个客户服务的规范化。如果不能建立这个体系或者这个体系建立得不够完善的话，即使团队的营销能力再强，也不会取得太好的营销业绩。

客户服务体系的建立不仅是在保障服务工作的规范化，也是在引领团队的销售工作向既定的目标和方向运行，让团队的每一位成员都明确客户销售管理行为是攸关销售团队命运的关键行为，应当以这个行为为主线，紧紧地贴近为企业做好销售工作的中心思想。

总之，销售团队的建立必须规范化，机制要健全，而且在企业发展的不同阶段，团队的建设和管理都要作出一些必要的、适时的调整。

2. 了解你的对手

《孙子·谋攻篇》中说："知彼知己者，百战不殆；不知彼而知己，一胜一负；不知彼不知己，每战必殆。"意思是说，在军事纷争中，既了解敌人又了解自己，百战都不会失败；不了解敌人而只了解自己，胜败的可能性各半；既不了解敌人，又不了解自己，那只有每战必败的份儿了。

这一则兵法同样适用于营销者。在市场竞争中，有勇无谋的将领会不顾敌我实力与战场情况四面出击，而足智多谋的统帅则能审时度势、运筹帷幄、各个击破。营销者既要了解对手的误区，更要轻松地识破隐藏在表面现象下的本质问题，单凭主观的猜测很可能会让自己陷入危险的境地。

一次，我在主持《智汇人生》访谈栏目时，随口问嘉宾带来的小朋友："你长大后想要做什么呀？"

小朋友天真地回答："我要当飞机驾驶员！"

我接着问："如果有一天，你的飞机飞到太平洋上空时没有燃料了，你会怎么办？"

小朋友想了想说："我会先告诉坐在飞机上的人绑好安全带，然后我挂上降落伞跳出去。"

当现场的观众笑得东倒西歪时，我继续注视着这个孩子，想看他是不是自作聪明的家伙。没想到，接着孩子的两行热泪夺眶而出，这才使得我们发觉这孩子的悲悯之情远非笔墨所能形容。于是我继续问他说："为什么要这么做？"

小朋友回答道："我要去拿燃料，我还要回来！"

听到小朋友的话，在场的人无不为自己的妄自揣测而羞愧——你真的听懂别人的话了吗？也许这是读者在看完这个故事后首先应该问自己的问题。那么在商场上，你是不是也习惯性地用自己的思维去评判对方的语言？在滑铁卢战役中打败拿破仑的英国统帅惠灵顿公爵有一句名言："高地的那一侧到底是什么呢？我终生在猜测。"我们可以继续提问：在市场竞争中，你是否真正了解对手在做什么？

在中国汽车市场上，大众汽车作为早来者，在某种程度上引领着轿车市场前行，应该算是"知己知彼"的。然而，近几年中国车市急剧变化，面对多位对手的强势竞争，大众显得准备不足，甚至有点无奈和被动，用大众汽车高层的话说，就是对于"入世"以来中国汽车市场的形势估计不足。

正因为"估计不足"，总认为自己只要推出新车就走俏，结果高尔、高尔夫国际名车水土不服，途安和开迪也销量甚小；正因为"估计不足"，总认为自己的价格是合理的，结果在市场竞争中落了个"价格偏高"的名声；正因为"估计不足"，稳坐轿车市场多年的老大位置摇摇欲坠；正因为"估计不足"，没想到对手个个来势凶猛，布局、产品、价格、服务等，下手不留情，防不胜防……总而言之，在新的竞争形势下，大众汽车既非"知己"，亦非"知彼"，吃些败仗也在所难免。

3. 设法突出产品的特色

事实上，如果消费者关注的只是你的价格，那就说明你的产品已经没有任何特色了。这时聪明的营销者就应该设法突出产品的特色，而不是一味地在价格上做文章。对于这一点，中小企业的老板应当重视。中小企业的产品往往缺乏竞争力，于是喜欢打价格战，其实这是错误的。

产品的特色其实就是产品的卖点，就是给客户一个必须买你产品的理由。下面举例来说明一下。

《智汇人生》是由主持人熊思远和嘉宾通过访谈对话的形式进行的，嘉宾可以在栏目中分享成功之道、艺术魅力、人生智慧，也可以表达愿望和理想，展示作品或者才艺。

一位广东企业家来了解《智汇人生》栏目时，女采编员黄莹根据栏目的实际情况，向他们作了如下介绍：

《智汇人生》是一档汇集财富、智慧、艺术、人生的栏目，无论是内容还是形式，都突出了“智”的核心理念，其“新”之处体现在节目精心设计的智商和情商的较量上，称得上是迄今为止最贴近生活的“纪实秀”。它有12年专业电视栏目团队作为背后强大的支撑，以30分钟访谈对话的形式推广您的企业、产品以及个人的知名度，让普通人获得生活智慧，让正在奋斗路上的人士懂得更加便捷的成功之道。

其实，这就是突出“栏目”这个产品的卖点。

节目立足新颖，从多维角度剖析财智、解读艺术、分享成功。结合线上栏目，《智汇人生》在线下以“智汇精英俱乐部”的活动形式提供社交平台，聚拢嘉宾会员，以达到扩展人脉、提升品牌、宣传产品等多种推广效果。

《智汇人生》节目中导入微信公众平台，策划了多种活动以领取奖品来吸引粉丝。后台建立微网站直接销售嘉宾的冠以“智汇人生栏目信得过商品”的产品，推广团队全天候利用微信转发视频链接造势。

上面的案例给我们的启示是，在销售过程中，利用产品的特色“迷倒”客户，向客户推销产品是销售人员获得订单的常用办法，也是最有效的办法之一。对于销售人员来说，只要善于寻找特色，并用卖点去“迷倒”客户，就能很容易地促使客户做出购买决定。

那么，我们应该怎样找到产品的卖点呢？

最佳卖点并不是靠经验取得的，也不是依靠单纯的模仿、借鉴就能够得到的，而是需要用心去观察，发掘、提炼、总结出来的。一般来说，产品的可塑性、不规律性越强，产品卖点的可发掘性就越强。

那么，卖点通常会在产品的哪些方面体现出来呢?

（1）技术方面

技术方面的卖点就是指产品在技术上的一些特点的炒作。比如有一些医疗器械炒作出新的高科技健康的概念。现在炒得最火热的无非就是“低碳、环保、健康保健、节能省电”。这些电器在打出了高科技的旗号后，在市场上受到了更多的关注。

所以，推销人员在介绍这些具有时代潮流气息的产品时，只要着重向客户介绍“高科技”的技术卖点，客户就会很容易对产品产生兴趣。

（2）品质成就

在现实生活中，人们习惯性地遵从“明星效应”，认为只要是名人推荐的产品就一定是好的。其实在整个过程中这些“专家、教授、权威机构”都是品质的变相卖点。如果是靠着质量打出来的品牌，销售人员只要把自己的品牌说清楚，产品信息介绍明白了，客户自然会购买。这就是“品牌的力量”。

（3）服务到位

有句话说得好：“没有十分完美的产品，但是却有十分周到的服务。”服务可以弥补产品上的不足。服务的质量决定了客户能否接受你这个人进而接受你的产品。以长期优质的服务作为卖点跟对手比起来就是一个强大的竞争优势。服务是销售的立足之本，销售的本质就是服务。

（4）特色鲜明

特色就是产品的特点，要求与众不同、别出心裁。做到这一点，销售人员需要有一定的想象力、创造力。无论产品本身怎样，只要善于策划、包装，能够发掘出用户感兴趣的某种特质，往往就能左右客户的价值取向。而现代社会，人们对个性的追求越来越高，如果打出“独家”的概念，那些追求个性的客户就会比较容易接受产品。

（5）“感情泛滥”

有时候“感情泛滥”并不是一个贬义词。在销售的世界，感情也可以当作一种很好的销售手段。有时候一句“××总，咱兄弟情分，帮个忙”，很有可能单子就出去了。毕竟对于客户而言在哪个经销商那里购货都一样，何况这里还是自己的朋友。

有句老话：“朋友多了路好走。”如果跟客户的关系比较好，有时客户购买你的产品纯粹是“感情需要”。那么“感情泛滥”这张牌就算是打成功了。

（6）概念文化

文化无处不在，而一个好的概念则有可能达到“点石成金”的奇效。但是，文化用作商品宣传的不仅仅是街头式的潮流，而是健康有序地形成相应的产业文化。

当然，产品的卖点有很多，只要善于发掘，卖点就会出现的。选择什么样的卖点还需要根据实际情况而定，但是需要记住的是产品的卖点并不是“多多益善”，而是“精益求精”。如果卖点太多了，不仅销售人员会在推销产品时失去中心，就连客户也会感到眼花缭乱，难以下定决心购买。

4. 寻找撬动市场的杠杆

索尼卯木肇先生的故事对我们中小企业的老板会有很好的启发。

20世纪70年代中期，索尼彩电在日本已经很有名气了，但是在美国却不被顾客所接受，因而索尼在美国市场的销售相当惨淡。为了改变这种局面，索尼派出了新任的国外部部长卯木肇先生前往美国的芝加哥市。

卯木肇先生风尘仆仆地来到芝加哥市，令他吃惊不已的是，索尼彩电竟然在当地寄卖商店里尘垢蒙面、无人问津。卯木肇先生百思不得其解，为什么在日本畅销不已的优质产品，一进入美国竟会落得如此下场呢？经过一番调查，卯木肇先生知道了其中的原因。原来企业的前任部长曾多次在当地的媒体上发布降价销售索尼彩电的广告，使得索尼在当地消费者的心目中留下了低贱、次品的糟糕印象。

可见，降价策略在当时的情况下是完全失败的。对于消费者而言，电视的价格虽是选择购买的标准之一，但质量更不可忽视，为了图便宜而抱一台质量低劣的电视回家，可能看不了多久就出问题了，最终得不偿失。而索尼的降价行动让消费者误认为其产品质量低劣不值得购买。

但是如何才能改变这种印象和销售现状呢？卯木肇也一筹莫展。

来到芝加哥一个星期了，卯木肇都没有好好地欣赏过这里的美好景致。一天，他驾车去郊外散心，在归来的路上，他注意到一个牧童正赶着一头大公牛进牛栏，而公牛的脖子上系着一个铃铛，在夕阳的余晖下叮当叮当地响着，后面是一大群牛跟在这头公牛的屁股后面，温顺地鱼贯而入……此情此景令卯木肇一下子茅塞顿开，他一路上吹着口哨，心情格外舒畅。一群庞然大物居然被一个小童管得服服帖帖的，为什么？还不是因为牧童牵着一头带头牛嘛！索尼要是能在芝加哥找到这样一家“带头牛”商店来率先销售，岂不是很快就能打开销路！

马歇尔企业是芝加哥市最大的电器零售商，卯木肇最先想到了它。

为了尽快见到马歇尔企业的总经理，卯木肇第二天很早就去求见经理，但他递进去的名片却被退了回来，原因是经理不在。卯木肇心想：刚刚上班，经理不可能不在，不想见我才是真的。那我就天天来，看谁有耐性。第三天，他特意选了一个估计经理比较闲的时间去求见，但得到的回答却是“外出了”。难道说真的要学诸葛亮三顾茅庐吗？卯木肇不想放弃，他第三次登门，经理终于被他的耐心感动了，接见了他，但却拒绝卖索尼的产品。经理认为索尼的产品降价拍卖，形象太差。卯木肇非常恭敬地听着经理的意见，并一再地表示要立即着手改变商品形象。

和经理有了一面之缘，卯木肇开始实施他下一步的工作计划：立即从寄卖店取回货品，取消降价销售，在当地报纸上重新刊登大面积的广告，重塑索尼形象。

做完了这一切后，卯木肇信心满怀地带着刊有新广告的报纸再次叩响了马歇尔经理的门。令卯木肇意想不到的是这位经理还是抱着对索尼横挑鼻子竖挑眼的态度：索尼的售后服务太差，无法销售。这一次卯木肇没有作过多的解释，因为他想出了下一步的计划：立即成立索尼特约维修部，全面负责产品的售后服务工作；重新刊登广告，并附上特约维修部的电话和地址，24 小时为顾客服务。

卯木肇第三次去见那位经理时，已做好了再被挑剔的准备。果然，经理再次重申：索尼在当地形象欠佳，美誉度不够，不受消费者欢迎。屡次遭到拒绝，卯木肇还是没有放弃。

为了打动这位经理，卯木肇想出了一个计策，他规定每个员工每天拨五次电话，向马歇尔企业询购索尼彩电。马歇尔企业被接二连三的求购电话搞得晕头转向，以致员工误将索尼彩电列入“待交货名单”。这一次经理主动约见了卯木肇，一见面就大骂卯木肇扰乱了企业的工作秩序。卯木肇笑逐颜开，等经理发完火之后，他才对经理说：“我三番五次地来见您，一方面是为本企业的利益，但同时也是为了贵企业的利益。在日本最畅销的索尼彩电，一定会成为马歇尔企业的摇钱树。”但这位经理还是找了一个理由：索尼产品的利润少，比其他彩电的折扣少 2%。正是经理的这一句话，让深谙营销的卯木肇看到了成交信号。他知道经理已经动心了，只不过给他一个台阶下就行了。于是，卯木肇如是说：“折扣高 2% 的商品摆在柜台上卖不动，贵企业的获利不会增多；索尼产品的折扣虽然少了点，但商品俏、销量大、资金周转快，贵企业不是会获得更大的利益吗?”在卯木肇的极力说服下，马歇尔企业的总经理终于同意放两台索尼彩电在卖场，不过，条件是：如果一周之内没有消费者购买，就立马搬走。

为了开个好头，卯木肇亲自挑选了两名得力干将，把百万美元订货的重任交给了他们，并要求他们破釜沉舟，亲临马歇尔企业的卖场促销，如果一周之内这两台彩电卖不出去，就不要再返回企业了……

两人果然不负众望，当天下午4点钟就送来了好消息。马歇尔企业又追加了两台。至此，索尼彩电终于挤进了芝加哥的“带头牛”商店。随后，进入家电的销售旺季，短短一个月内，竟卖出700多台。索尼和马歇尔获得了双赢。

有了马歇尔这只“带头牛”开路，芝加哥市的100多家商店都对索尼彩电群起而销之，不出3年，索尼彩电在芝加哥的市场占有率就达到了30%。

这个案例充分展现了索尼战将卯木肇的营销智慧以及为人处世的机变能力。从营销的角度来分析，为什么他能让索尼的产品在美国畅销起来呢？索尼产品畅销的背后是什么呢?

在对案例进行分析后我们知道，针对前任留下来的烂摊子，卯木肇采用了两个策略：一是攻其一点，各个击破的策略；二是擒贼先擒王的策略。这两个策略帮助卯木肇找到了市场的缺口，让索尼产品在美国市场上畅销起来。

首先看攻其一点，各个击破的策略。这种营销策略有点类似于拆墙，如果一扇墙很结实，一味地用蛮力是推不倒整面墙的，然而，如果你找到这扇墙中最松的那一块砖，把它拆了，露出一个洞，那么，这面墙就好拆了。卯木肇就是这样做的，面对美国市场这面堵住的大墙，他没有在芝加哥市场全面铺开，大面积进行营销工作，而是采用了四两拨千斤的做法，选择一个点，即芝加哥市最大的电器零售商马歇尔企业，先把这块砖拆了，再把整个芝加哥市场都拿下，最终取得了成功。

其次是擒贼先擒王的策略。在发现市场缺口的时候，卯木肇找到当地最牛的电器零售商，通过“带头牛”的示范作用取得了事半功倍的效果。古语说：“擒贼先擒王”，带头的拿下来了，下面的也就不攻自破了。

这个案例告诉我们，做一个优秀的销售经理需要有策略，懂得如何去寻找撬动市场的杠杆。那么，如何做一个有策略的销售经理呢？可以参考以下几点。

（1）掌握“望、闻、问、切”的策略

与客户交往中，最难判断的是他们的关注点或利益点。如何判断客户的关注点或利益点呢？一个好的销售经理应该借鉴华佗的“望、闻、问、切”来弄清楚客户究竟在关注什么。

望：用眼观察客户，识别客户的层次、素质、需求、喜好等。

闻：认真倾听客户的叙述。客户没有耐心为你多讲几遍，他们也不会反复强调重点，所以，必须耐心地听，高质量地听。上面的卯木肇先生，正是从经理那句“索尼产品的利润少，比其他彩电的折扣少2%”中听出了成交信号。

问：问是弄清客户利益点和需求的最直接方法，通过提问、回答的互动方式反复深入地了解客户的真实想法，从而给出客户最需要的购买建议，完成销售。

切：即实地考察客户的状况。客户的表述、回答都不一定正确，必要的时候，销售员可以实地考察客户状况，比如房屋装修，就需上门考察后再为其制订装修方案。

（2）销售引导策略

在整个销售过程中，销售员一定要引导客户，使客户始终跟着自己的思路走，切勿被客户牵着走。只有这样，才能把产品成功销售出去。

(3) 其他销售策略

此外，再介绍一下蛛网式策略、蜂巢式策略和养鸽式策略。

蛛网式策略。这个名称来自蜘蛛结网，蜘蛛将网结好后，就会静静等待猎物自动送上门，而非主动去攻击猎物，“专柜销售”即是典型的蛛网式策略。

蜂巢式策略。这是与蛛网式策略相对的一种策略。蜜蜂采蜜时，总是主动地四处飞奔，并且不断来回将蜜积蓄在蜂巢中。

养鸽式策略。使用蛛网式和蜂巢式策略所作的销售多是一次性的，即客户的流动性比较大，很难出现“回头客”。而“养鸽式策略”则能使销售员一劳永逸。因为，此种战略是指将客户犹如鸽子般豢养着，希望他们能忠心耿耿以鸽笼为家，并繁衍后代。但是，要想使客户甘心情愿地待在鸽笼里面是需要诱因的。比如提供给客户优惠的价格、周到的售后服务、逢年过节的问候……都是此种战略所涉及的方面。

当然，销售的策略不止这些，平时要多注意向成功的销售人员请教，在这个行业里，经验和能力比理论更重要。

第五章

经营中的客户管理，让客户持续满意

客户满意度提高一个百分点，市场份额会提高八个百分点。企业80%的销售业绩来源于20%的客户的重复购买。实现客户价值的最大化要从两方面入手：一方面是要做好客户服务；另一方面是做好客户关系管理。客户服务的目的是让客户持续满意，提高客户保留率，实现深度营销；客户关系管理的目的是筛选客户和优化客户结构，合理配置企业资源，追求客户的终身价值。

1. 客户服务团队的组建

对于中小企业来说，需要一开始就打造一支优秀的客服团队。

（1）初期招聘至关重要

很多中小企业的老板只关注产品和设计，客户服务的重要性被严重忽略。中小企业从一开始就要注重客户服务，组建一个优秀的客服团队对它们未来的发展是非常重要的。

企业需要选择一个合适的人来领导这个客服团队。那么什么样的人才能领导好客服团队呢？他必须具备两个素质：一是他必须在个人关系和业务工作上都与公司创始人的需求和对客户服务的期望保持一致；二是他必须能在业务技能和人际技能间做到很好的平衡。

客服团队的成员必须具备以下素质：

①他们对于自己的工作有一个全面透彻的了解。比如，一个优秀的客服主管，不仅需要了解在工作中都有哪些工具可供使用，还要知道如何利用这些工具来帮助公司发展。

②他们之前并没有长时间的客服工作经历。比如，在一些大的客服中心工作过很长时间的人员，思维相对比较固定，因为他们工作环境的组织框架相对比较固定，因此他们对于工作方法的创新缺乏敏感性，而这又是创业型中小企业所需要的。

③他们有在优秀公司工作的经历。这些公司虽然有相对比较固定的组织架构，但依然鼓励人们去创新解决问题的方法。在工作过程中富有纪律性、注重高效性以及一切以数据为依据，这些特质都渗透到他们的骨子里了。

（2）即使急需招人，也不能降低标准

随着中小企业的不断发展，原有的客服团队急需吸纳更多新成员以满足公司发展的需要。在这个时期，虽然企业急需招人，但是丝毫不能降低客服水平。

优秀的客服代表必须要有求知欲，而且善于解决问题。因为在客服过程中，经常会遇到各种棘手问题，在这种情况下，客服人员要知道如何与客户交流，该找公司的哪个部门或领导将客户反映的问题解决。好的客服人员不仅能看到有待解决的问题，还能从问题和挑战中看到机遇。

在一个不断发展壮大的中小企业里，要保证加入的每个客服代表都能积极主动且有上进心。此外，还要拥有一定的幽默感。最出色的客服代表是那些善于自我充电和自我恢复的人，即使面对比较棘手的问题，他们也能坦然面对和积极解决。他们能以崭新的面貌和心态做好每一次客服工作。

（3）成长，成长，成长

对于中小企业来说，快速扩张并不仅仅意味着要为团队增加更多人员，还意味着要保证团队里的每个人都有不错的事业发展空间，使他们保持快乐的心态和进取的动力。

当有新员工加入时，中小企业的管理者需要让他们了解自己可能的发展渠道，让新员工有机会接触公司其他领域。很多时候，客服部门扮演着为公司的其他部门培养和输送人才的角色。

随着越来越多的人的加入，部分客服人员逐渐成长为能独当一面的客服经理，开始有了自己分管的小团队。这种客服队伍的扩张是一种良性的发展。

2. 内部客户服务标准与规范

每一个客服岗位都有相应的服务规范，有的则称工作程序。对每项工作所要遵循的标准化的工作步骤、要求和所要达到的质量目标做了十分详尽的描述。

如何使这些规范在每一个客服员工身上表现出来，就需要中小企业的管理者在事前培训、榜样示范和严格要求上狠下功夫，不但要带领客服人员完善规范化、标准化的服务，而且要善于处理服务中可能出现的意外事故。

下面是中小企业客户服务最基本的服务规范要求。

（1）把工作当乐趣

管理理念强调的是友好、高效和温馨的服务氛围，客服人员要热爱这份工作，保持愉快的心情工作，并且把工作当作乐趣。

我们常说，态度决定一切，这里的态度包括对工作的态度、对客户的态度、对学习的态度和对解决问题的态度等。

（2）个性化服务

既要为客户提供优质满意的服务，又要给客户以惊喜的服务；既要想客户所想，又要想客户所未想。

（3）人性化服务

一切从客户的角度出发考虑问题，而不是让客户来将就和适应我们。完善每一个服务小细节，并使之升华成为让客户满意的优质服务。

（4）换位思考

每个人都应该经常进行换位思考：如果你是客户，会希望客服人员提供怎样的服务呢？这样想的话你就能体会到客户的真实心理了。

（5）协作互助

客服人员要做到分工不分家：该帮忙时要帮忙，该出手时要出手，协同作战，互相帮助。

（6）沟通交流

不要忽视每一位潜在客户，与客户进行沟通交流时，要注意说话技巧，杜绝语气生硬、套话；要好好揣摩，在不同场合、不同时机，话应该怎么说。

3. 客户服务管理

（1）提高服务意识

如果一家企业没有客户，它就会倒闭，因此客户的价值是显而易见的。每个客户都对商品和服务的质量有一定的期望值，也对与你的企业打交道时的经历有一定的期望值；如果你们的服务水平超过了他们的期望值，他们就会感知到较高的服务质量；如果你们的服务水平没有达到他们的期望值，他们就会感知到较低的服务质量。

每个客户的心中都有一个天平，将得到的服务与预想的期望值进行比较。如果还是照搬一成不变的服务模式，甚至机械化的服务流程，无法给客户提供惊喜的差异化服务，就会给中小企业未来的发展带来不小的隐患。

对客户潜在价值的分析表明，当客户不满意时，他们将带走一大笔未来的生意。而且，如果不满意的客户把他们对企业的坏印象告诉了其他人，也有可能造成未来生意总量的减少。

对于每一个中小企业来说，虽然吸引新客户和新员工是十分重要的，但是如果不在服务策略上投资，想办法留住老客户和老员工，就很难使企业长久地生存下去。虽然大多数中小企业无法留住100%的客户和员工，但是可以设定一个较切合实际的目标，例如，80%的保留率，这样可以使中小企业保持在一个较高的利润水平。

所以，如何推陈出新、打破传统的服务流程模式、增加更多忠诚的客户是未来企业之间竞争的关键所在。在市场竞争十分激烈的今天，企业必须营造轻松、愉悦的工作氛围，塑造精品意识，追求的必须是规范、个性、超值，甚至是令客户备受感动的服务，以满足多层次、多方面、多变化的服务要求。

（2）提供最优质的服务

服务对于中小企业销售业绩的提升有着非常重要的作用。客服人员要为客户提供高档次的服务。这不仅仅是要满足客户最基本的服务需求，还要让客户感到一种情感上的尊重和理解，以满足客户的心理需求。

在社会和技术日趋进步的今天，企业要以最快的速度推出客户所需要的服务，挖掘出客户的潜在需求并开创出相应的服务以吸引和保留更多的客户。

美国销售学家维特曾说过，“未来竞争的关键不在于企业能生产什么，而在于商品能提供多少附加值。”由于社会信息的畅通和市场运作的规范，各家企业在商品、价格、渠道和促销等方面相互模仿与借鉴，竞争空间日益狭小。同时，随着消费者消费意识的觉醒与消费知识的丰富，商品市场的不断完善与成熟，企业想要维持长久的竞争优势就需要更新原有的销售观念，向更高层次迈进。这种全新的经营理念就是为目标客户提供超值服务。

当然，服务不仅仅是指企业制造出的商品价值和所提供的服务本身的附加值，更重要的是要创造符合客户价值取向，超出客户期望值的服务，要主动以爱心、诚心、耐心给予客户更多的人性化关怀，增强客户对企业的信赖感，达到不为其他竞争对手所动的程度。

如今是以服务取胜的年代，让客户满意是这个时代企业活动的基本准则。服务甚至已成为一项企业的形象工程。作为一名出色的客服人员，你的服务首先就要“超越销售”，不断外延商品的附加值，主动增加服务功能与品种，提供快速便捷的服务。其次，要加强与客户的“消费沟通”，向客户提供知识化、信息化的服务。最后是要提供“温馨服务”，以情感化、人性化的销售行为培育客户，让客户时刻感受到真诚与温暖。

4. 建立并维护客户关系

（1）全面掌握客户信息

假日集团创始人威尔逊有句名言：“没有快乐的服务人员就没有快乐的客户。”要想让服务过程始终处于轻松愉快的气氛之下，全面掌握客户信息就成了每一个客服人员都必须要做的功课。

了解了客户信息就能做到心中有数，定制适合客户的服务。客服人员要先了解顾客的具体情况，预先布置，甚至可以为一些特殊客户根据其要求提供相应的服务。

下面我们来看一个案例：

位于美国华尔街的一家快速消费品卖场，具有上百年的经营历史。长期以来，这家卖场一直以交通便利、物美价廉而闻名华尔街。另外，卖场特别注重效率，这就大大缩短了顾客的购物时间，迎合了白领人士的消费需求。这些原因使得这家百年老店成为许多华尔街人士购物的首选之地，每天进入卖场购物的顾客络绎不绝。

可是在20世纪70年代，卖场的销售业绩开始直线下滑，原本很忠诚的顾客许久都不来了，这使得这个百年老店开始遇到了难题。鲍比是这家店的老板，为了找出顾客数量下降的真实原因，他请教了一家管理咨询公司。这家咨询公司的高级分析师杰克告诉他，应尽早做顾客期望值分析来找出顾客流失的原因，并帮助他设计了一份关于各类服务重要性排序的期望值调查表。

鲍比把杰克设计的期望值调查表分发给来店里的顾客，同时还去寻找那些已经流失的顾客，请他们来填写这张表格。

几天之后，在店员的辛勤工作下，问卷全部收回了。经过分析，鲍比发现在顾客的期望值构成中，是否便于停车是他们关注的一个核心问题。这家卖场是一家百年老店，一直没有停车位。随着经济的发展，顾客的生活水平提高了，几乎都买了车，开车购物成为了新的消费模式，所以是否便于停车成了他们选择卖场的重要因素。通过调查得知，如果要到卖场来购物，他们就必须把车停到较远的收费停车场，不但浪费时间，而且还要额外支付一笔费用；而在有停车位的卖场，顾客就完全不需要担心这个问题。

鲍比找到了真正的原因，于是他决定在附近租一个地下停车场，由专人负责停车服务。这样顾客只要开车到卖场门口，停车服务人员就会帮助他们把车停好，而且是免费的。于是，卖场的许多老顾客又回来了。

客户的反馈不但可以为我们提供很多有价值的信息，而且还能有效地指导服务工作。市场竞争日趋激烈，信息变得隐蔽、不完整，客服人员该如何获取所需要的信息呢?

①搜索。动动你的手指，信息无处不在。网上信息任你搜——企业网站、新闻报道、行业评论等。优点：信息量大，覆盖面广泛。缺点：准确性、可参考性不高，需要经过筛选方可放心使用。

②权威数据库。国家或者国际上对行业信息或者企业信息有权威的统

计和分析，是可供参考的重点，对企业销售具有重要的作用。优点：内容具有权威性和准确性。缺点：不易获得。

③专业网站。各行业内部或者行业之间为了促进发展和交流，往往设有行业网站，或者该方面技术的专业网站。优点：以专业的眼光看行业，具有借鉴性，企业间可做对比。缺点：不包含深层次的信息。

④展览。最值得去的地方。各行业或者地区会定期或不定期地举办展览，有很多企业都会前去参展。优点：可以获得更丰富具体的信息。缺点：展览时间的不确定性。

⑤老客户。你的老客户很有可能会了解其他客户的信息。客服人员可依靠同老客户的关系，获得一些行业内部的信息。优点：信息的针对性、具体性、可参考性高。缺点：所获得的信息容易带上主观思想色彩。

从多个渠道收集客服人员所需要的信息是保证信息全面的有效方法。客户信息对我们后面的专业判断影响甚大，因此要严格认真地对待。

在获取客户信息时，要充分明确自身信息需求，积极汇聚潜在客户信息，要以敏锐的触觉感知市场，洞悉竞争对手的具体情况，实时跟踪动态信息的改变，做到对行业市场的全貌有所了解。

（2）消除客户的所有抱怨

尽管你对工作非常尽心，对客户也无比热情，但还是会有一些客户对你阴沉着脸，或是事事与你作对，甚至投诉你。这主要是因为以下几个方面：

第一，因产品品质引起的投诉。当产品本身有诸如质量不佳、功能欠缺、价格失当等问题，或者和产品有关的销售证据不充分、客户所希望购买的产品出现缺货断货的情况时，客户同样会提出投诉。这种投诉是合理、合法的。客服人员应该实事求是地予以解决，在销售产品时及时提供更多有效、直接的证据，把品质不良的产品及时退还厂家，或者设法改进，等改进好了之后再销售。

第二，因客服人员服务方式、态度引起的投诉。这是招致客户投诉的主要原因之一，比如说客服人员的服务态度不好、服务礼仪不当、服务信誉不佳、提供的信息不足时，都可能招致客户的投诉。

其他方面的一些情况也会招来客户的投诉，如客户依照双方约定的日期前来提货，可是到了却发现产品还没有生产完成；客户要求修改产品，企业却迟迟无法弄好；还有运送不当、过期运送、送错了地方、运输途中把产品损坏了等都是客户投诉的理由。

如果客户的抱怨是正常合理的话，又应该如何处理呢？

客服人员要做的就是“先处理客户的情感，再处理客户的投诉”。整个投诉处理的过程可以分为以下四个步骤。

①H（Hear）：有效倾听，接受批评。在接待和处理客户投诉时，客服人员首先要做的就是耐心倾听，让客户把要说的话说完。随意打断或者插话，可能会引起客户的反感。客服人员要让客户充分地倾诉不满，并诚恳地听他们说完，这样可以让客户在精神上得到一丝安慰。如果我们无故打断或者强行辩解，只会让当事者产生反抗情绪。

②A（Apologize）：巧妙道歉，平息不满。客户既然投诉，必然有所不满。无论是什么原因，客服人员都应该先道歉，这样很有可能会使投诉事件得到有效的平息。如果客服人员不这样做，很可能会将事件扩大给企业带来负面影响。

③K（Know）：调查分析，提出方案。处理客户的投诉不能仅仅局限在倾听和道歉上面，而是应该切实地对客户所反映的情况进行调查分析，提出正确的解决方案。这就要求客服人员懂得听出客户投诉的弦外之音，了解客户投诉的真正动机，是要退货还是要降价等。

④S（Solve）：执行方案，再次道歉。在处理客户投诉时，一旦了解了客户投诉的真正原因，就应尽快着手处理。不仅要提出可执行的方案，而且还要向客户再次道歉，特别是当客户离去的时候，一定要再次表示歉意。

客户之所以会投诉是因为他们对产品或服务不满。客服人员应该从“保证客户满意”这一服务理念出发，认真谨慎地对待每一次客户投诉。

（3）永远与客户在一起

客服人员在与客户沟通中要守信，承诺的事情一定要做到，这样才会赢得客户的信任。

“承诺的事情一定要做到!”这句话现在已经成了很多客服人员的信念。因为他们知道，要想留住客户就一定要守信。客服人员应始终记得:提供给客户的永远超过承诺给客户的，千万不要做过分、过多的承诺，了解客户的期望值!

有些客服人员为了获得订单，只要客户提出要求，就立即答应。结果造成了客户的投诉和抱怨，甚至永远失去这个客户，所以欲速则不达。

不仅承诺的事情要做到，还要诚实正直。要知道没有人愿意与虚伪的人长期合作。现在的信息很发达，客户可以通过多种渠道对供应商进行了解和考察，有时候客户会明知故问，其用意就在于考察客服人员的作风，从而作出判断和选择。所以与客户打交道，还是实事求是的好!

对竞争对手的评价最能折射出客服人员的素质和职业操守。当客户询问你竞争对手的情况时，客服人员最好以客观公正的态度进行评价，不隐瞒其优势也不夸大其缺点，让客户从你的评价中感受到你的职业素质和修养。记住:贬低别人并不能抬高自己。

诚实、正直、信守承诺、实事求是、客观公正，这些闪亮的品质都会帮你在客户那里获得加分。当然仅有这些还是远远不够的，还要充分地利用多种交流方式让客户和自己紧密地联系在一起。

客服人员最常用的维系关系的方式有以下几种:

①电话。打电话是与客户保持联系的最常用、最有效的方法。客服人员在工作中应多给客户一些时间，多打一个电话给客户，逐步加深客户对你的印象，进而建立互相信任的关系。在此过程中，客服人员还应根据客户的具体情况灵活设计每次通话内容，要有耐心，切不可急功近利。

②电子邮件。随着网络时代的来临，电子邮件成为既方便又快捷的重要沟通工具。通过群发电子邮件可以经常与客户保持联系，节日问候、新

产品介绍等都可以通过电子邮件来完成。另外，公司可以制作公司简讯，由客服人员定期向客户发送，通过这种形式不让那些暂时没有需求的客户忘记自己。

③短信。短信问候也是一个比较好的与客户保持长期接触的方法，最常见的是节日问候和生日祝福等。

④在线聊天。网络的发展使得在线聊天已经成为一个被普遍应用的交流方式。QQ、MSN 等交流工具为客服人员与客户的沟通提供了便利，而且也更容易让客服人员与客户成为朋友。所以，客服人员申请一个 QQ 号码或者 MSN 号码是必要的。但是，网上聊天比较费时间，效率也低，客服人员应该把握一定的度。

⑤传真。传真在网络交流不是很普遍的时候用得较多，现在随着互联网的发展，传真正逐步被电子邮件所取代，但对于部分还不太习惯使用电子邮件的客户来讲，传真也是有效地跟进及建立联系的方式。

⑥信件或者明信片。汽车销售冠军乔·吉拉德为了与客户保持联系，每个月都会寄出 15000 张明信片，这样使得每个客户都对他有很深的印象，即使自己暂时不更换汽车，也会主动介绍其他客户给他，这是乔·吉拉德成功的关键因素之一。作为客服人员，同样也可以采用这种方法与客户保持联系。

⑦邮寄礼品。节假日来临的时候，通过短信或电子邮件向客户问候的方式已非常普遍。除此以外，在条件允许的情况下，客服人员最好能给客户寄些实用的礼品，这是实施情感销售的一个必要环节。

由于客服人员接触的客户千差万别，与其建立长期关系需要投入很多的精力和时间，而要保持这种关系亦是比较烦琐的，比如寄信等。所以，现实中很多客服人员在与客户建立关系方面做得还是不够好，甚至出现半途而废的情况。要解决这个问题，客服人员最好先从态度上入手。通常的经验是：把客户当成终生的合作伙伴，经营与各个客户的关系，而不是单纯地销售产品给客户！一旦有了这样的想法和理念，就会立即行动起来，与客户建立长期关系，以获得更稳定的销售业绩。

第六章

让企业不拘一格去创新

思维是人类最为本质的特征，是人一切活动的源头。无论是经营企业还是工作，人都离不开正确的思维方式，正确的思维方式可以使混乱变得清晰，能使工作变得有起色，也能使人做起事来更得心应手。

1. 制订创新战略， 让你离成功更近

创新的意义无须多说，它是一个国家经济发展的动力，创新发展的规模、频率、深度、广度决定了社会经济发展的速度，决定了国家繁荣富强的程度。

创新包含有形的物体创新和无形的思想创新。主要有以下三个层次。

第一个层次：技术创新。技术创新容易理解，这是我们平常感知最多的一个方面。技术创新也是有形创新的代表，通过技术摸索、革新，我们可以制造出更完美的产品，大大提升企业的生产效率，更好地维持设备和材料的高利用和低损耗。作为硬件方面的创新，技术创新是提供市场有形产品以及服务产品的一个重要保证。这是一般企业追求的创新，也是最基础的创新行为。

第二个层次：体制创新。当基础的创新达到一定的程度，就必须要有一套与之匹配的管理体系来将技术创新得到的成果实施市场转化，完成从

生产车间到消费者手中的传递，实现最终的利益获取，就必须打破原有的旧体制。

在这个过程中，企业所要创新的行为，不仅包括企业内部的管理体制方面，还包括原有的市场经营方面的内容。我们都知道“穿新鞋走老路”是不可取的，而体制创新就是给我们开辟一条符合穿新鞋走的新路，并保证方向的正确性，直至最后的成功。

第三个层次：思想创新。有效区分优势企业和一般企业的最核心的一点，不是技术变革能带来什么质的飞跃，也不是单单依靠体制的革新而大获成功，而是自己所创立的一种思想可以引领其他企业，从而树立企业在行业和市场中的领袖地位。这才是创新的最高境界。

思想创新就是树立一种行业的典范，从而在有效区分其他企业的同时，造成一种行业、市场或产品模式的垄断。它既包括产品的质量标准体系，也包括市场操作的方向、方式、方法、资源配置、格局等东西，而形成的一种标准。后来企业只有向这个标准看齐，才具备了市场竞争的资本。否则，就不会被行业认可，乃至退出行业竞争。

当然，这种标准化的创新行为也不是一成不变的，就如同世界纪录一样，总会被一些优秀的团体或个人打破，从而设立一种新的标准。所以，思想的创新也是需要不断完善发展的。

企业的市场经营行为是一项长期而复杂的系统化工程。有志企业想要保持基业长青，必然要务实探索、不断创新。靠激情和忽悠打开市场的时代早已一去不复返了。没有创新，你靠什么占领市场?

中小企业要想持续发展，技术创新是第一个层次，也是最为关键的一个层次。在当今激烈的市场竞争中，要想使企业立于不败之地，就必须不断进行技术创新，并结合自身的特点与现状，制订明确的技术创新战略。

（1）自主创新

当前中小企业技术创新战略主要有自主创新和模仿创新，自主创新通常是行业中的创新领先者。采取自主创新的企业一般需要投入高额的开发费用、承受巨大的市场风险，同时市场收益见效过程长，因此自主创新是一项失败率很高的高风险、高收益的技术活动。

（2）模仿创新

模仿创新是指企业以率先创新产品为示范，充分吸取成功的经验和失败的教训，通过购买或破译等手段吸收和掌握自主创新的核心技术及技术秘密，并在此基础上对自主创新进行改进和完善。

与自主创新的收益和风险相比，模仿创新虽然难以获得像自主创新那样的高额回报，但是却能有效地避免自主创新的风险和高额投入，且普遍市场已较为成熟，投资收益见效时间短。针对我国中小企业技术力量薄弱、实验和设备手段相对落后的实际情况，较为理想和现实的技术创新战略应该是模仿创新。

模仿创新并不是完全照搬照抄别人的技术，它同样要投入一定的研究开发力量，需对自主创新的技术进行进一步的研发，因而模仿创新并不是单纯的模仿，而是一种渐进性的创新行为。

（3）合作创新

由于中小企业的资源有限，在选择创新战略上，中小企业应善于利用其自身的优势，通过协议合作合资、联合等多种形式对社会科技资源进行组合，以壮大自身的创新能力。

合作创新是一种以资源互补为内容的技术创新模式，有利于优化资源组合、缩短创新周期、减少创新成本，但企业一般难以独占新成果、获取垄断优势。

2. 敢于创新，与时俱进，因地制宜

任何中小企业在做大做强的过程中，都会遇到很多的挫折，要想解决问题，就不能以一成不变的眼光去看世界，而应该积极主动调整策略，另辟蹊径。唯有如此，中小企业才能不断战胜困难，不断超越自己。

中小企业要做大做强，企业的掌舵人就要打破传统的、僵化的思维，学会转化自己的思考方向。正如爱因斯坦说的那样，“改变思想，才能改变一切”。

根据格式塔心理学原理，任何顿悟必须有明确的思考问题为大前提，同时顿悟必然对此问题经过长期、认真，甚至艰苦的思考才可能出现。也就是说，没有“渐悟”，就没有“顿悟”。如果不是持续加热，水根本就烧不到99度，又何来最后那“从99度到100度的飞跃”呢？成功是一个从量变到质变的过程，如果没有持续行动，就没有足够的量，就一定不会有最后那一度的飞跃。

创新犹如一个人的长相，谁都拥有，但谁敢说自己是出众的，甚至是完美的人又有几个呢？

中小企业的管理者在岗位上的创新应具备哪些条件呢？首先是你的本职工作，你是否完成得得心应手，这决定了你有所创新的技术基础；其次是你的生活，是否可以有余地让你去专心思考工作，这决定了你创新的时间；最后是你的心态，你是否有前进的动力和必胜的信念，这是内因，也是创新的关键。

创新不是标新立异，更不是异想天开。创新是根据行业的发展情况，结合企业实际从某一方面进行的改革，是对以前不合理、不合适内容的完善。

这个也可以从两个方面来看。第一，想要创新首先要有积累，也就是你要有比较广的知识面，同时还要明确自己重点发展的方向。第二，就是需要你的思维比较发散，敢想。其实在真正的职业工作中，大多数的工作都是模仿重复，强调的是工作效率，而不是创新。对于中小企业而言，过度的创新必然导致过多的失败以及效率的低下。

每个企业在特定环境下的发展史，又注定企业本身会存在许多不合理的现象。当你认识到这种不合理现象可能会对未来企业发展造成严重后果的时候，就有了创新的原动力。也就会积极有效地开始一轮变革，从而促使企业向良性轨道发展，保持竞争活力。

中小企业长久稳定的有效经营活动就是一个不断创新和提升的过程，这个过程伴随企业一生。企业经营业绩的好坏，很大程度上取决于企业的这种行为是否完善，是否及时。

我们身边的企业家们动辄谈创新，主要是看到了企业启动创新机制后，所取得的成果可以为企业带来竞争优势。

首先，顺应市场发展，提升企业竞争力。一切围绕市场的有形物品和无形思想必须要适应市场的发展取向，只有这样才能使企业在市场发展过程中保持市场竞争力。

企业在参与市场活动的过程中，每一次市场消费者消费习惯的改变或者渠道承受能力和选择性的改变，都要求企业能迅速适应这种变化，并马上做出积极的反应。历史经验不止一次表明，反应越快的企业，成活的概率越高，竞争力越强；反之，则会被市场淘汰。

其次，有效理顺企业内部和外部关系，实施优化。在企业迎接市场变革的过程中，每一次有针对性的创新，都是对企业内部组织关系、产品结构、营销模式、市场布局、人员状况等方面的一次优化。这样的优化只有达到市场的认可和企业的理想状态，才能取得创新行为的成功。因而，创新的整个过程也是对企业内部和外部的一种优化行为。

最后，有效保证企业的盈利空间。其实，中小企业之所以会选择打破原有模式实施创新行为，目的就是有效适应市场发展趋势，最终实现企业的持续发展。也就是说，企业创新的根本目的是保持企业市场经营活动的持续盈利。

3. 推陈出新，创造独特市场价值

实践告诉我们，如果你墨守成规，等待你的只有失败；如果你稍微动一下脑筋，对传统的思维方式进行一番创新，就能获得成功。我们必须具

有创新意识，要能够根据实际情况与形势变化采用不同的战略，这样才能增加取胜的筹码。

在很多时候，我们的战略在制订之初并没有问题，问题出在没有跟随外界环境的变化对战略作相应的调整，战略需要“创新”。

在大多数情况下，战略对公司而言只是适合不适合的问题，而不是对与错的问题。只有创新，才是真正关系到公司生死存亡的核心问题。

自从20世纪90年代，互联网被引入中国，“复制”或者说“抄袭”就成为中国互联网最典型的特征之一。

2005年7月，MySpace（聚友网）被新闻集团以5.8亿美元的价格收购，国内随之涌现出20家以上模仿的互联网企业；Youtube（世界上最大的视频网站）以750万美元创业，两年内便创造了16.5亿美元的价值，国内类似的视频网站也一夜间多达数百家；而随着美国三维虚拟网络社区Second Life（第二人生）大行其道，国内同样概念的新兴网站也不胜枚举。

相比创造一种新的盈利模式的投资风险、研发投入和运营难度，将已有的成功模式全盘复制无疑是一种“小投入、低风险”的捷径。但或许正应了那句古语，“橘生淮南则为橘，橘生淮北则为枳”，追随者虽众，“大产出、高盈利”者寥寥无几。

只有创新才能生存，而创新并不仅仅局限于技术和盈利模式的创新。任何事情的成功，都是因为能找出把事情做得更好的办法。不要认为创新很难，提到发明创造很多人会马上想到：“那是专家的事。”实际上，这种想法是十分错误的。因为某人有发明创造，我们才称之为专家；而不是因为他是专家，才会有发明创造。俗话说得好：“没有做不到，只有想不到。”只要你能经常动脑，注意身边的小事，你就会有创新的灵感。

创新是一个人迅速走向成功所必备的优点，也是每一个成功者都应该养成的做事习惯。虽然有些人也非常优秀，并且个人也非常有才华与学识，但是却仍然没有取得事业上的成功。其中一个重要的原因就是他们做事总是囿于固有的经验与知识，不敢大胆地进行创新。

我们在日常的工作、学习和生活中往往会形成一种固定的做事习惯。然而，任何事情都不是一成不变的，同样的事情在不同的情况下往往会呈现出不同的状态。所以，在处理问题时就要学会大胆创新，而且也只有创新才有出路。

打破常规实际上就是要发散自己的思维，“不按常理出牌”，从常人难以想到的地方进行思考。其实所有前人总结的管理模式与方法，对处于崭新环境中的企业来说，都只能提供一个借鉴和参考，我们绝不能生搬硬套、照猫画虎，而不考虑自己企业的具体情况，活在原有模式的阴影里。这就要求我们发挥创新潜能，敢于冒险与创新，精心地培养自己的创造力。

很多中小企业的老板很容易形成一种僵化思维，这对其事业的发展是极为不利的，所以我们要尝试改变自己的思维习惯。一个人要想获得成功，就要有胆识、有远见，看得远、看得高，不计较一时得失，这样才能掌握先机，把握机会。

有这样一个有趣的故事：

一个美国人、一个法国人、一个犹太人，在同一天被关进了监狱，刑期都是三年。有一天，监狱长对他们说：“你们现在每个人都可以向我提一个要求，只要合法，我一定满足。”

美国人说：“我要够我三年抽的烟草。”法国人说：“我要一个美丽的女人。”犹太人说：“我要一部联网的电脑。”

三年过去了，美国人从监狱中出来时，满脸烟末，狂吼着要打火机。法国人从监狱里出来时，怀里抱着一个孩子，那个女人不但手里领着一个孩子，肚子里还怀着一个孩子，两人都一脸愁容，心想：三个孩子，怎么养活？只有犹太人出来时满面春风，他握着监狱长的手说道：“谢谢你了，多亏了这部电脑，三年中我的生意不但没有中断，还扩大了两倍。为了表示谢意，我要送你一辆奔驰车。”

故事中的犹太人在考虑问题时，富于预见性，维系并扩展了自己的生意。而与之一起的美国人和法国人，只考虑眼前的快活，不为以后打算，结果虚度了三年时光，并给以后的生活造成了负担。

这就是不同的思维习惯带来的不同结果，如果你考虑得不够长远，那就得承受短视带来的苦果。我们常把只看眼前不顾以后的做法称为短视，而一个短视的人很难正确处理生活中遇到的各种问题，而且也很难有所成就。

人都有自己做不到的事情。通常谦虚的人能看到自己的不足，并与强者联合共渡难关，这才是智者的思考方式。

4. 企业家族成员需要创新思维

对于中小企业而言，举贤可以不避亲。家族的亲戚之间有信任的前提，因此可以最大限度地合作。关键是亲戚作为人才被任用后，要做到“贤才”的样子。

家族成员需要接受职业化管理的再教育，接受现代企业管理知识与技能的再教育，接受一切新思想、新方法的再教育。因为“家族成员综合征”的悲哀源自对职业化管理的无知。

家族成员要忘掉自己的非工作身份，心中只有职业身份。职场用的是标准的职业称呼，交谈用的是标准的工作用语。一切行动听从指挥，一切行为对结果负责，如有违纪“与庶民同罪”。

司马家族之所以能取代曹氏家族，另立晋朝，司马懿的高瞻远瞩功不可没。早在司马懿出征边境抵抗诸葛亮时，他的儿子司马昭跟随身边做副将。

在一次战前动员会上，司马昭主动请战，当着众多将领的面，跪下请求道："父亲，就让我打前阵吧。"司马懿听了后，脸色一沉就开始骂道："这里没有你的父亲，只有大都督。"这一举动让其他将领心服口服。

在下属面前，有时需要隐瞒你跟上级的亲戚关系，以减少不必要的麻烦。至少不能主动地把它讲出来炫耀，这样有百害而无一利。

业绩必须做得比非家族成员更出色才有公信力。可见，做家族成员经理人，不但没有什么好处，还得付出比常人更多的努力，承担比常人更多的责任。

第七章

科学严谨的财务管理

很多中小企业在经营过程中，普遍存在重销售、轻财务的现象。其实，财务管理才是确保公司正常运营的基础和核心。只有打好财务这张牌，企业才能在未来资源竞争上立于不败之地，才能不断做大做强。

1. 财务报表就是公司的体检表

财务报表是中小企业财务报告的核心，主要包括基本财务报表及附注，如资产负债表、利润表、现金流量表、所有者权益变动表等。各种财务报表的内容既相互区别，又相互补充，相互衔接，构成了一个完整地反映中小企业财务状况、经营成果、现金流量的指标体系，全面系统概括地揭示中小企业的经营状况。

下面看一个案例：

美国某公司长期进口钢制民用门，随着销售额的不断扩大，公司拟在中国投资建厂以降低成本。通过联系他们找到了南昌一门业公司，双方商定共同出资200万美元（中方出资50万美元，外方出资150万美元）成立合资公司，产品全部用于出口欧美市场。

中方为表示诚意，提出将自己拥有的位于郊区的、从事国内门业生产和销售的H公司无偿赠送给未来的合资公司，并提出中国国内门业市场巨大，进一步开拓国内市场或能成为公司未来利润的另一个增长点。H公司有着十多年的经营历史，拥有自己的销售网络、房产和土地等资产，生产的国内门品牌在当地具有一定的市场知名度，未来发展潜力应当不错。

这时，美国公司的财务顾问提出，需要对H公司的财务状况进行审查。H公司财务报表显示，房产和土地等按市场价值计算后，公司资产总额5000万元，其中应收账款2000万元，估计坏账率为60%；负债为7500万元，所有者权益为－2500万元，公司实际资不抵债。即使再入资2000万元，其对合资公司的贡献也为零，盘活H公司亦存在安置员工等诸多困难。

原来，H公司只是个烫手的山芋！美国公司最后决定谢绝这种赠送。

“白送资产”乍看起来，好像是天上掉馅饼的好事，其实一看公司的财务报表就知道这是一个“烫手的山芋”。投资决策时，投资人不可能长期入驻被投资企业进行深入了解，而财务报表就是投资人读懂企业最有效、最简洁的方式。同时，企业的经营者也可以通过财务报表全面了解自己的企业，发现企业存在的问题，及时调整经营政策，做到“知彼知己，百战不殆”！

具体来说，财务报表有以下作用：

第一，有助于使用者了解企业的财务状况、经营成果和现金流量。比如，财务报表的信息是债权人（银行，担保公司）判断企业偿债能力，市场投资风险的重要依据。

第二，有助于中小企业的管理层进行宏观决策。

第三，有助于中小企业管理层发现并解决企业存在的问题。

由以上几点可以看出，财务报表就是公司的体检表，使用者可以据此看出企业的经营情况。要想读懂一个公司的财务报表，需要首先了解组成财务报表的六大会计要素。

（1）资产

资产是指过去的交易或事项形成的并由企业拥有或控制的资源，该资源将给企业带来一定的经济利益。资产具有以下特征：

第一，资产预期能够给企业带来经济利益。所谓经济利益，是指直接或间接地流入企业的现金或现金等价物。

第二，资产是企业所拥有或控制的资源。企业拥有即所有权归属企业，而企业控制是指由企业支配使用但不归其所有。资产尽管有不同的来源渠道，但一旦进入企业并成为企业资产（拥有或控制），置于企业的控制之下，就成为企业可以自主经营和运用、处置的资源了。

第三，资产是由过去的交易或事项形成的。资产按其流动性可分为流动资产、长期投资、固定资产、无形资产及其他资产。

（2）负债

负债是由过去的交易或事项形成的现实义务，履行该义务预期会导致经济利益流出企业。如果把资产理解为企业的权利，那么负债就可以理解为企业所承担的义务。

企业的负债有如下特点：

第一，负债是企业承担的现实义务。

第二，负债是由过去的交易或事项形成的。

第三，履行该义务预期会导致经济利益流出企业。

（3）所有者权益

所有者权益是所有者在企业资产中享有的经济利益，其余额为资产减去负债后的余额，又称之为净资产。

所有者权益的特点如下：

第一，除非发生减资、清算，企业不需要偿还所有者的权益。

第二，企业清算时，负债往往优先偿还，而所有者权益只有在清偿完所有的负债后才返回给所有者。

第三，所有者凭借所有者权益能够参与利润的分配，而债权人则不能参与。

所有者权益在性质上体现为对企业剩余资产的求偿权，在数量上等于资产减去负债的余额。所有者权益包括企业投资人对企业的投入资本，以及形成的资本公积、盈余公积和未分配利润等。其中盈余公积金和未分配利润又称为留存收益。

（4）收入

收入是企业在销售商品、提供劳务及让渡资本使用权等日常活动中形成的经济利益的总收入。

收入的特点如下：

第一，收入是从企业的日常经营活动中产生的，如企业销售商品、提供劳务等收入。

第二，收入可能表现为企业资产的增加，也可能表现为企业负债的减少，还可能同时引起资产的增加与负债的减少，比如销售商品抵偿债务同时收取部分现金。

第三，收入将引起所有者权益的增加。

第四，收入只包括本企业经济利益的流入，而不包括为第三方或客户代收的款项。

（5）费用

费用是企业在销售商品、提供劳务等日常活动中发生的经济利益的总流出，与收入相对应。

费用的特点如下：

第一，费用是企业在日常活动中发生的经济利益的流出。

第二，费用可能表现为资产的减少或负债的增加，或者兼而有之。

第三，费用将导致所有者权益的减少。

（6）利润

利润是指企业在一定会计期间的经营成果，包括营业利润、利润总额和净利润。

营业利润是企业在销售商品、提供劳务等日常活动中主营业中所产生的利润，为主营业务收入减去营业成本和主营业务税金及附加，加上其他业务利润，减去营业费用、管理费用和财务费用后的金额。

通过理解会计要素，更有利于我们读懂企业的会计报表。财务报表是企业“无声的语言”，你“听懂”了它，就能了解企业的情况。

2. 现金为王， 公司现金最佳持有量

缺乏现金是导致许多中小企业破产的主要原因。只有资金充足才能有效地增强中小企业应对环境不确定性的能力。中小企业的经营者除了需要算清楚“口袋”里应该有多少现金，还需要时时关注现金是否还在“口袋”里。

西方发达国家中80%的破产企业，虽然从账面上看起来是获利的，但是却因为资不抵债、现金流量管理不好而宣告破产。一个公司的账面利润再高，如果没有充足的现金流，也无法进行正常的经营活动，甚至会因财务状况恶化而倒闭。

在现金不足的情况下，企业很可能将因赊欠货款的不断增加而导致供货商终止供货，无法继续生产。另外，企业很可能因追讨货款而官司缠身，无法正常经营。

由于现金不足，员工的工资无法按时发放，这将导致企业人心惶惶，甚至员工罢工。

由于现金不足，税金无法及时上缴，将导致税务部门上门清收。

由于现金不足，到期债务无法按时归还，借款本息无法支付，将导致企业被迫清算破产。

虽然现金流是企业运营的命脉，但企业现金也不是越多越好，因为资金具有时间价值。

资金的时间价值，即货币的时间价值，是指资金经过一段时间的投资和再投资所增加的价值。通常情况下，资金的时间价值可以用没有风险和没有通货膨胀条件下的社会平均资金利润率来衡量。在计算资金的时间价值时通常按复利计算。

单利指的是计息时只在原有本金上计算利息，对本金所产生的利息不再计算利息。复利是把上期末的本利之和作为下一期的本金继续生息，让利息也能产生利息，就是俗称的“利滚利”。

刚说理论，我们理解起来比较费劲，下面我们通过一个小例子来看看资金的时间价值概念。

石龙镇的廖渠顺准备为孩子存入银行一笔款项，想在5年后得到200000元，假设银行的存款利率为5%。廖渠顺目前应存入银行多少钱呢？

利率5%，5年期的复利现值系数为0.7835，因此，目前需要存入银行的钱 = 200000 × 0.7835 = 156700（元）。也就是说现在的156700元相当于5年后的20万元，增值部分就是资金的时间价值。

由于货币时间价值的存在，对于企业来说，并不是留存的现金越多越好，而是要确定一个恰当的现金持有量，既满足企业对现金的需求，又能将多余的现金进行投资以获得回报，提高资金的使用效率。

对于中小企业而言，现金需求主要有以下三种。

第一，交易性需求，即企业日常业务产生的现金支付需求，比如支付货款、支付员工工资等。一般情况下，企业在日常经营过程中很难做到现金收入正好与现金支出同步同量。如果收入小于支出，就造成了企业的现金短缺。企业必须保留满足其交易性需要的最低水平的现金额，才能使经营活动正常进行以维持一定的企业信用。

第二，预防性需求，指意外情况发生导致的现金支付。“非典”期间大量学员退课曾导致新东方账上现金短缺，俞敏洪不得不临时向好友借钱应付大量的退款以渡过难关。这种意想不到的开支就是预防性需求拟应对的问题。其现金流量的不确定性越大，预防性现金的数额也就越大。金融危机下企业对现金的需要量加大也是这个原因。

第三，投机性需求，指当出现意外的获利机会时，企业有足够的资金可以介入以获得不寻常收益。例如，遇到有廉价的原材料或其他资源供应时，能够有足够的资金用于购买。不过，除了专门的金融和投资公司外，一般企业很少专门保留大数额的投机性现金。因为通过临时的短期借款也可以获得所需资金。

现金管理的目的就是要使持有现金的成本最低而效益最大。企业货币资金过多，会导致现金闲置，资金的利用效率下降；货币资金过少，又不能满足企业生产经营等各种开支的需要，并降低了企业应对风险的能力。

因此，对企业而言，现金持有量过多或者过少都不利于企业的经营发展。那么，应该如何确定企业最佳的现金持有量呢?

现金管理要解决的核心问题就是确定最佳现金持有量。确定最佳现金持有量，需要在持有过多现金产生的机会成本与持有过少现金而带来的短缺成本之间进行权衡。

企业持有现金的成本有以下三种：

第一种，机会成本，持有现金的成本。主要体现在由于选择持有现金而使企业丧失的其他投资机会可能带来的收益等。

机会成本在经济学上是一种非常特别的既虚又实的成本。它是指一笔资金在专注于某一方面的投资后所失去的在其他方面的投资获利机会。

第二种，管理成本，管理现金的各种开支。具体包括财务管理人员工资、现金管理安全防范支出等。

第三种，短缺成本，缺乏现金的代价。主要表现为现金短缺造成生产停滞等问题而使企业蒙受的损失等。

最佳现金持有量就是要在资产的流动性和赢利能力之间做出抉择，以获得最大的长期利润。可以通过分析持有现金的成本，寻找使持有成本最低的现金持有量。

现金持有总成本最低时的现金持有量即机会成本、管理成本和短缺成本之和最低时的现金持有量。成本分析模式是一种传统的分析方法，其中机会成本、管理成本和短缺成本三项之和的总成本线是一条抛物线，该抛物线的最低点即为持有现金的最低总成本。

假设某企业目前有以下四种现金持有方案可供选择，根据公司以往的经验，各种方案下现金持有量的机会成本和短缺成本如表 7－1 所示，其中机会成本是按照公司的平均资本收益率 12% 确定的，由于财务部门的规模及人员工资等是固定的，因此现金的管理成本在以下四种情况下是一样的。该企业应该选择哪种方案呢？

表 7－1　不同方案下现金持有成本　单位：元

方案	甲	乙	丙	丁
现金持有量	25000	50000	75000	100000
机会成本	3000	6000	9000	12000
管理成本	20000	20000	20000	20000
短缺成本	12000	6750	2500	0
总成本	35000	32750	31500	32000

由表 7－1 看出，企业现金持有量越多，机会成本就越高，因为持有过多的现金会丧失进行其他投资的机会。但同时，短缺成本最小，因为发生资金困难的可能性很小。综合对以上四种情况的分析，其中丙方案下现金持有量的总成本最低，因此可以确定该公司的最佳现金持有量为 75000 元。

3. 看清企业的成本账， 抓好成本管理

我们先来看一个案例：

秦奋在公司的年终总结大会上向员工叙述了下一年公司的发展战略，准备从三个方面扩大公司的规模和市场占有率：一是加大对现有产品的推广营销工作，准备在几个一线城市召开产品发布会；二是抓紧研发新产品，拟高薪聘用数名高水平的研发人员；三是加快设备的更新配套工作。

秦奋感叹道："这样一来，我们的成本就高啦！公司的利润就要降低啦！控制成本将是我们下一年的重要任务！"

秦总的规划非常振奋人心，但公司下一年发展战略的实施会导致成本上升吗？产品推广营销费用、研发人员的工资和新设备购进费用都属于成本项目吗？仔细推敲起来，秦总的话里存在不少错误，因为成本、费用、支出是三个不同的概念，这几项支出并不都直接导致成本增加。

我们经常会把成本、费用、支出这三个概念混淆，但准确地说，这三者的内涵和外延并不相同。

（1）支出

从广义的角度来看，企业所有资产的流出都称为支出。企业的支出种类繁多，既包括企业在生产经营过程中为获得另一项资产发生的支出，比如为购买原材料而支付的货款、为购买办公用品发生的零星支出、支付给员工的工资、预付的房租和销售场地的租赁费等；也包括企业为清偿债务所发生的各类资产的流出，如偿还银行借款、支付欠供应商的货款、支付股利所发生的资产的流出；还包括投资行为的各类支出，如为购置设备等固定资产、支付长期工程费用所发生的支出等。

秦奋提到的公司下一年度的产品推广营销费用、研发人员的工资和新设备购进费用都属于支出，支出并不等于费用，更不等于成本。

（2）费用

费用，准确地说，是指企业在日常活动中发生的会导致净资产减少的、与向所有者分配利润无关的经济利益的总流出。因此，导致企业净资产减少是费用的重要特征。

费用按照其经济用途可以分为两大类：一类是生产成本，或称生产费用。生产费用是指企业为生产一定种类和数量的产品所发生的费用，即产品成本项目直接材料、直接人工和制造费用的总和；另一类是期间费用。期间费用是与产品生产无直接关系的非生产费用，发生时不能明确判定应归属于某个特定产品，且与产品的生产管理无直接关系。因此期间费用不计入产品生产成本，而是直接计入发生当期损益。期间费用具体包括管理费用、财务费用和销售费用。

秦奋所在公司的产品推广营销费用和研发人员工资会导致净资产减少，属于企业下一年的费用；但购买新设备则不是费用，因为新设备会使企业的资产增加，净资产并不会因此减少。

又如电力、自来水公司的员工薪酬都是费用，但并不都是成本。其中，只有车间工人及管理人员的工资及薪酬属于成本。企业管理人员的工资、薪酬均不属于成本项目，属于期间费用。如果将期间费用计入成本，则会导致虚增企业成本、掩盖管理不善、人浮于事的事实。

将费用分为生产性费用和非生产性费用，生产性费用构成成本，非生产性费用反映企业的管理水平。这种分类能清晰地了解企业成本高低和管理效率，有利于企业进行成本分析，加强成本管理和成本控制。

(3) 成本

说起成本，一定是具体到某种产品。成本是定价的依据，商店里的商品价格各不相同。比如皮鞋，男鞋和女鞋的销售价格不一样，其根本原因是男鞋与女鞋的成本不一样。因此泛泛地说成本多少是不确切的，需要先了解自己企业各种产品的确切成本。

成本是指生产活动中所使用的生产要素的价格，成本也称生产费用。生产性费用按用途进行分类，实质上就是三大类：料、工、费。“料”是直接用于产品生产的材料费用，“工”是直接生产产品的员工工资，“费”

是因组织和管理生产经营活动而发生的各项支出。生产性费用最终都形成成本。

①直接材料

直接材料是指企业生产过程中实际消耗的直接材料、辅助材料、设备配件、外购半成品、燃料、动力、包装物、低值易耗品以及其他直接材料和电力、蒸汽等动力。

②直接人工

直接人工是指企业直接从事产品生产人员的工资、奖金、津贴、补贴和各种福利费等，这里不包括车间管理人员的薪酬费用。

直接人工费用是指直接从事产品生产的人员即一线工人及生产管理人员，产生的各项相关费用。

直接材料和直接人工发生时通常都能确认到某种产品上去，因此称为直接费用，发生时直接计入某产品成本。比如生产女鞋所用的皮革和生产工人的薪酬均能直接确认。

③制造费用

制造费用是指为生产产品和提供劳务而发生的各种生产管理费用等的间接费用，如车间、分厂管理人员、技术人员的工资及福利费，车间使用的固定资产折旧费和修理费、办公费、水电费、机物料消耗、劳动保护费，季节性停工损失、修理期间的停工损失等。

制造费用通常与几种产品的生产有关。比如制鞋车间的设备既可用于男鞋的皮革切割，也可用于女鞋的皮革切割。车间管理人员同时对男鞋和女鞋的生产进行管理，因此车间管理费用就与该车间生产的所有产品有关。这些费用虽然与产品生产有关，但发生时并不能直接确定各种产品应承担多少比例，因此需要在月末时按一定标准在几种产品直接之间进行分配。这种费用通常也称为间接费用。

企业资金的流出都是支出，支出分为收益性支出和资本性支出，资本性支出形成企业的资产（如买设备），收益性支出才是费用。企业的费用分为两类，生产性费用和非生产性费用，生产性费用才是成本，包括料、工、费。非生产性费用不构成成本，是企业的期间费用，包括管理费用、销售费用和财务费用。准确区分支出、成本和费用的概念是进行成本管理的前提。

4. 纳税策划最有效

中小企业的管理者不仅要懂得一些财务管理的理念和策略，还需要对税务申报的流程有所熟悉和了解。

中小企业进行税务管理的目的在于规范纳税行为、科学合理地降低税收的支出、降低纳税的风险。在国外，税务管理的重要内容是税收筹划。

税收筹划是指企业根据所处的税务环境，在遵守税法、尊重税法的前提下，以规避涉税风险，控制或减轻税负，从而有利于实现企业财务目标的谋划、对策与经营活动安排。

税务筹划策略主要有三种（如表 7－2 所示。）：“激进”的税务策略；“保守”的税务策略；“激进＋保守”相结合的税务策略。中小企业的管理者应根据自身情况合理地选择税务策略，并将其运用到实践中。

表 7－2 税收筹划策略的具体内容

税收筹划策略	具体内容
“激进”的税务策略	以一种进攻的姿态，积极找机会减少税款和延期纳税，来增加收入和利润。但是这种策略风险性大，并有可能被罚款
“保守”的税务策略	这个策略更加注重税务风险。优点是风险性较小，很少会被惩罚，但有可能多交了税企之间尚存争议的税款
“激进＋保守”相结合的税务策略	根据不同的税种，选择不同的策略。风险可控性较好，此策略被大多数公司所采用

对于第三种策略，中小企业的管理者需要关注的是：将涉税的政策及

时上传下达，部门之间及时沟通、配合，应对税务约谈；涉税工作岗位的人员需关注的是：掌握、理解税务政策的尺度。在税务约谈时，有很多被补缴的税款被诱导出来。

综上所述，税务策略要兼具前瞻性和可操作性。在税务风险可控的前提下，有效地保护自身的税务价值。

一般来说，合理避税的筹划空间由以下几项内容构成，如图 7 – 1 所示。

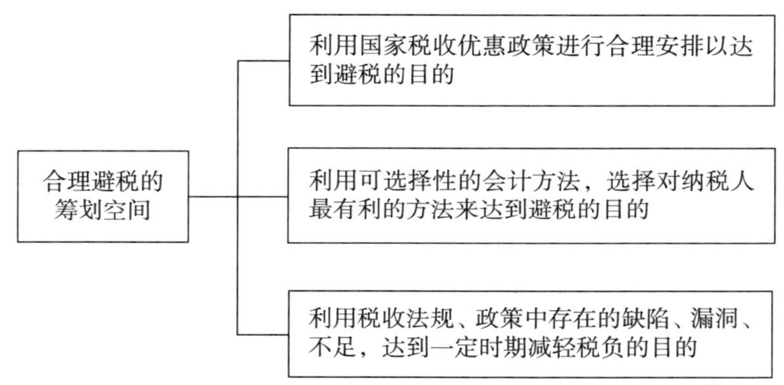

图 7 – 1　合理避税的筹划空间

中小企业的管理者在工作中必须能够运筹帷幄，具备较高的税务筹划能力，具有对税收政策深层加工的能力，以保证避税筹划方案的合法性，最大限度地给企业和客户带来经济利益。

第八章

从卖产品到创品牌

经营产品不如经营品牌，某一个产品的品牌知名度高，消费者往往将其与质量好联系起来。对致力于做品牌的中小企业而言，第一要务是练好内功，在产品本身上下功夫，把好产品本身的品质、设计、工艺、造型等基本价值，从各个细节锻造一流品质的产品，让更棒、更创新的产品成为价值观的坚固基石。好的产品自己也会说话，是一个自动营销专家。

1. 品牌资产及其价值

我们知道，品牌就像是一个人的名字，是帮助外人识别自己并与其他同类相区分的东西。品牌一点也不神秘，可以说，任何一个企业从它诞生之日起就自然地拥有了品牌。

品牌是制造商或经销商加在商品上的标志。它由名称、名词、符号、象征、设计或它们的组合构成。一般包括两个部分：品牌名称和品牌标志。但是，并不是每一个品牌都是高端品牌。打个比方，歌手很多，但是能成为歌星的是少数。

品牌随着认知度的提高就会越发获得人们的认可，并由此得到相应的价值回报。品牌越深入人心，其价值也就获得越加持久的散发。无形价值的提升是品牌建设的题中之意，也是品牌建设最重要的成效。

品牌是人们对一个企业及其产品、形象、承诺、口碑、购买体验、使用体验、售后服务、文化价值的一种评价和认知，是客户对企业及其产品的态度，是一种信任，其终极目标是使客户对产品和服务的购买、重复购买及向其他客户推荐。

可以说，品牌是企业的市场准入通行证，品牌价值更是品牌的核心部分。然而我国一些中小企业对品牌价值的建设意识淡薄、缺乏品牌核心价值、对品牌价值的内涵在理解上出现偏差等，进而使得企业品牌缺乏必要的价值，影响企业的竞争力。

（1）品牌资产的含义

在本质上，品牌是一个营销概念。品牌是通过产品、附加值、承诺和识别与顾客建立起的一种关系。它可以通过品牌视觉符号、产品和服务、品牌附加值以及品牌承诺四个角度加以诠释。

下面，我们就从以下这四个不同的角度分别做出分析。

第一，品牌是一种视觉符号，企业标志和标识语等经过宣传后成为品牌的一部分，但并不是品牌的全部。企业标志和标识语可以随着企业的发展而重新更换，但品牌的价值却是不断累积起来的。比如宝洁，宝洁公司及其旗下各品牌取得的巨大成功使得品牌的概念深入人心。

第二，产品（服务）是品牌构成的核心和基础，但仅有产品品质或者优质服务并不等于就有了品牌，产品（服务）只是品牌价值构成的基本的功能性要素。

品牌价值最高的是可口可乐，你说它有多少技术含量？

有人说它有技术含量，有一个别人都不知道的秘密配方在保险柜里锁着，过了100年了，现在知道的人不到五个。一百年前一个药剂师一不小心将两种药错配在一起而产生的一种产品，能有多神秘？凭现在的科技能不知其配方吗？

即使可口可乐有一个秘方，是不是秘方就是最好的饮料配方，另一家企业可能生产一种饮料比其还好喝，或者我说我掌握了这个秘方，别人相信吗？那个秘方到底有多神奇？最重要的是通过宣传，大家都相信了可口可乐有一个秘方很神奇。

可口可乐最大的成功在于品牌运作得好。

可口可乐的制造商、品牌商和灌装企业是分开的。可口可乐自己是不灌装的，由销售商来生产。可口可乐就是运作品牌，还有就是掌握母液，就是可口可乐的原浆。就让顾客不知道里面是什么。没人知道里面是什么，其实里面是什么都不重要，重要的是可口可乐已经把品牌做出来了，人们都接受了这个品牌。

第三，品牌附加值，品牌是一种高于产品的附加值，它包含情感、文化的东西。客户通过使用具有品牌价值的产品（服务）可以表达其个人价值主张或个人形象的社会价值。比如，看到奔驰，你会想到它是身份和地位的象征，这就是高端品牌赋予产品的文化和价值。

第四，品牌承诺，品牌是一种承诺，是一种无形的契约关系，是企业对客户的最终承诺，他代表了持久的客户信赖关系。比如海尔品牌，海尔的产品质量以及海尔服务真诚到永远，这些都赢得了客户的信赖。这就是品牌给消费者的承诺。

品牌，尤其是高端品牌、强势品牌，具有许多不同种类的联想，因此，营销者必须在制订营销决策时考虑周到，否则，公司会深受其害，付出惨重的代价。全面的营销方案不仅有利于顾客对品牌的理解，还能帮助顾客理解如何评估品牌。

（2）品牌的价值

越来越多的人在消费时，会趋向于选择高端品牌，因为其质量和服务更有保证。而越来越多的公司也认识到，最有价值的资产之一是与各种产品和服务相关联的品牌。这就使得品牌成为了人们关注的焦点。

举个简单的例子来说明一下。一个空调的制造成本仅要 800 元，但一贴两个小孩（海尔的标志），它就可以卖到2000多元。再比如，假如生产一双鞋子的成本是90元，但是它一旦打上一个勾（耐克的标志）或者三条杠（阿迪达斯的标志），它的“身价”立马会升到几百元甚至上千元。

这是为什么呢？为什么同样的产品贴上不同的标志，价格会截然不同呢？这实际上就是我们说的品牌价值。品牌资产的价值，在于以下几个方面。

①品牌是产品或企业核心价值的体现

品牌不仅使商品销售给目标顾客，而且让顾客通过使用对商品产生好感，从而重复购买、不断宣传，提高对品牌的忠诚度。

有的企业更为自己的品牌树立了良好的形象，赋予了美好的情感，或代表了一定的文化，使品牌及品牌产品在顾客心目中形成了美好的记忆，比如“麦当劳”，人们对于这个品牌会感到一种美国文化、快餐文化，会联想到一种质量、标准和卫生，也能由“麦当劳”品牌唤起儿童在麦当劳餐厅里尽情欢乐的回忆。

②品牌是质量和信誉的保证

企业设计品牌、创立品牌、培养品牌的目的是希望将品牌变为名牌，于是在产品质量上下功夫，在售后服务上做努力。

比如“海尔”，人们提到“海尔”就会联想到海尔家电的高质量、优质的售后服务及海尔人为顾客着想的敬业精神。再如“耐克”作为运动品牌的代表，其高科技的原料、高质量的产品为人们所推崇。“耐克”代表的是企业的信誉、产品的质量品牌——企业竞争的武器。

树品牌、创名牌是企业在市场竞争的条件下逐渐形成的共识，人们希望通过品牌对产品、企业加以区别，通过品牌扩展市场、品牌的创立、名牌的形成正好能帮助企业实现上述目的，使品牌成为企业有力的竞争武器。

总之，品牌作为市场竞争的武器常常为企业带来意想不到的收获。

③品牌是识别商品的分辨器

品牌的建立是源于竞争的需要，用来识别某个销售者的产品或服务的。品牌设计应具有独特性，有鲜明的个性特征，使品牌的图案、文字等与竞争对手的区别开来，能够充分代表本企业的特点。通过品牌人们可以认知产品，并依据品牌选择购买。

比如，消费者购买汽车时有几种品牌选择：奔驰、沃尔沃、通用。每种汽车品牌代表了各自的产品特性、文化背景、设计理念、心理目标，顾客可根据自身的需要进行选择。

④品牌是企业的“摇钱树”

品牌以质量取胜，品牌常常赋有文化、情感内涵，所以品牌给产品增加了附加值。同时，品牌有一定的信任度、追随度，企业可以为品牌制订相对较高的价格，获得较高的利润。

知名品牌在这一方面表现最为突出，如耐克运动鞋，比同等的李宁运动鞋、安踏运动鞋高出几百元。由此可见品牌特别是名牌能给企业带来的较大的收益，而品牌作为无形资产已被人们所认可。

2. 打造品牌是未来发展的趋势

10 年以前，韩国的某企业收购了美国最后的一家彩电企业。对此，韩国人欢呼雀跃：美国的工业被我们打败了。其实，不是美国人不懂做企业，而是不挣钱的行业他们不想干了。

那么，美国人做什么去了呢？做高科技产品，像软件、处理器等这类产品去了，同时，做品牌去了。世界品牌价值最高的前十个品牌中美国占了七个。

在经济全球化的趋势下，品牌是价值链上最有价值的环节，从美国致力于品牌建设的案例来看，便可见一斑。很多中国企业既不知为何要创品牌，更不知该如何打造自己的品牌。

未来每个行业要面对的问题各有不同，比如汽车业、服务业、日化业等，要解决的专业问题也大相径庭，但是，各产业有一个无法回避的共同挑战——打造品牌。打造品牌的能力是解决产业升级的关键所在，这种能力在未来很长时间内还有不断成长的空间。

一个中小企业如果没有建立起自己的品牌，会怎么样呢？

假如你们公司开发了一种新产品，为了推广该产品，公司聘请了很多销售员去推销。结果很可能出现这样的情形——销售员打陌生拜访电话时，很多顾客可能会说，“这个产品我没听说过，你们公司我更是闻所未闻……”然后“砰”的一声挂掉电话。而那些一头冲向市场、上门推销的销售员，则垂头丧气地回来对你说，“老板，我们的产品顾客没听过，所以业绩不好。”

为什么会出现这种状况呢？原因很简单，你的企业和产品在市场上没有知名度，所以不被顾客所接受。最后，销售员没有完成任务，而你聘请销售员的费用都打水漂了。

如果你的企业和产品在市场上有一定的知名度，结果则是截然不同的。如果你把资金更多地投入到打造品牌上，让顾客对你的产品有较高的认可度，那么你公司的销售员就可以轻松地把产品卖出去，你的企业赢利也就可以大幅度增加了。是不是打造出一个品牌来，让公司的销售员省力又赚钱呢？

其实，打造品牌就是行销的一种手段，它可以让你花最少的钱，赚最多的钱；让你花最小的力气，做最多的事情。所以说，消费者没有听过你的公司或者产品，那是你的行销工作没做好。你的品牌有没有无处不在，你的企业文化有没有深入人心，决定了你推销东西的时候是否能更省力地赚更多钱。

如果你拿名片给潜在客户，客户说没有听过你的公司，这样卖东西会很费力，但如果潜在客户一看名片就说，我听过你们公司，这样你卖起东西来就会很省力。最好是连名片都不用拿出来，顾客就说知道你的公司。这就是有品牌与没有品牌的区别。

品牌的重要性日渐被企业所认识和重视，但遗憾的是，很多企业掉进一个误区：打造第一品牌等于制造一个品质优良的产品。市场真的是这样的吗？

假设你要买一部手机，你会买哪个品牌呢？

很多人会说苹果。这是为什么呢？因为很多人认为苹果生产的产品品质都比较好，所以它生产的手机也会很好。

苹果的手机真的比其他品牌的手机好很多吗？答案只有内行人才清楚，作为外行人，我们肯定不会把苹果手机和其他手机的零件拆出来一一比较，看哪款手机的比较好。但为什么消费者首先想到的是买苹果的手机呢？

有人说是因为苹果手机的口碑好，有人说是因为它的形象好，还有人说是因为身边很多人在用。对，这就是品牌的力量，也是一种品牌认识。

消费者对于这个品牌的感觉和认知以及他听到这个品牌后所产生的各种联想，就是品牌的力量。实际上苹果手机跟其他品牌的手机相比哪个品质更好，消费者也不知道。消费者只是盲目地以品牌决定品质，认为品牌就是品质。

从某种意义上说，企业“以质取胜”已成为过去，企业品牌形象的差异正在取代传统的商品本身的差异，企业卖的不再是差异化的商品，而是差异化的品牌理念。

一件产品可以被竞争对手模仿，但品牌是独一无二的。产品很快就会过时落伍，但成功的品牌是持久不衰的！

未来的营销是品牌的竞争，拥有市场比拥有工厂重要得多，而拥有市场的唯一途径是拥有具备市场优势的品牌。这是品牌对于企业的意义。随着经济的全球化，市场竞争转化为品牌竞争，从根本上讲，品牌就是财富所有权的象征。但并不是所有产品都需要品牌支持才能卖得出去。但是一个信息不对称的产品，尤其需要品牌。比如，一家新成立的公司研制出了一种有益身心健康的保健品。像这样的产品，消费者可能不敢盲目购买。但如果它是北京同仁堂研制的，可能很多消费者会买回去试试。

3. 品牌如何占据消费者心理制高点

（1）品牌的识别和定位

品牌的识别和定位是指企业在目标市场中建立与众不同的位置的过程。市场定位的实质是使本企业与其他企业严格区分开来，使顾客明显感觉和认识到这种差别，从而在顾客心目中占有特殊的位置。市场定位的关键是企业要设法找出本企业相对竞争者来说更具有竞争优势的特性。

什么是目标客户？目标客户在哪里？他们是谁？在什么地方可以找到？谁才是企业的目标客户？目标客户都有哪些共性呢？找出这些共性，企业的目标客户自然就浮出水面了，这也是判断谁是企业目标客户的准则。

①占到销售额 80% 的那群人是最直接的目标客户。

②对企业产品或者服务有需求的共同群体。无论是自身的需要，或者是基于他人的需求。

③目标客户必须是有决策权的人。如果对购买没有决定权，即使他有需求，也算不上目标客户。能自主做出决策是选择目标客户的重要参考因素。

④具有一定的消费能力和购买欲。只有那些能够消费得起、愿意消费的人才是目标客户。

根据不同的营销目标选择不同的目标客户。品牌定位是经常向消费者宣传的那部分品牌识别，目的是有效地建立品牌与竞争者的差异性，在消费者心中占据一个与众不同的位置。在产品同质化严重的今天，要想成功打造一个品牌，做好品牌定位是重中之重。品牌定位离不开科学严密的思维，必须讲究策略和方法。

实施定位战略有各种各样的方法。但不论什么方法，其目的最终都是发展或强化品牌的某一特定形象在消费者心目中的地位。

由于定位在实质上是把产品与目标顾客的心理需求在特定状态下达到一种吻合，因而定位方法的两个极点就是作为实体的产品与代表心理状态的观念。由各种方式所形成的定位最终都可归于实体定位、观念定位或者市场竞争定位。

（2）找到自己的细分市场

一家企业无论进军哪个行业，都必须具有竞争优势才能够在市场上立足。企业想要具备竞争优势，就要做到通常所说的“人无我有，人有我优”。但是随着科技的发展，特别是互联网技术的日益发达，每一个人和企业都能快速获取各种信息。一家企业想要通过做一个别人不知道的项目来取胜，几乎是不可能的。

很多人在面对强劲的竞争对手时，都会手足无措。面对这样的现实，有的人干脆直接模仿强势的竞争对手，对手怎么做他就怎么做，对手做什么他也跟着做什么。这种做法或许能使企业赢得一些微薄的利润，但是终究经不起市场的考验，遇到大的风浪，很可能就倒闭。

企业家该如何做才能维持生存和发展呢？史玉柱的故事给出了答案。

1998年，珠海巨人集团遭遇危机后，史玉柱几乎已经山穷水尽。他向朋友借了50万元钱，想要进军保健品行业。然而，那个时候保健品行业基本格局已经形成，竞争十分激烈。几家精于品牌营销的大企业，比如红桃K、太阳神等企业几乎把市场瓜分殆尽，许多小企业都只能以微薄的利润勉强维持生存。

面对这样的竞争环境，史玉柱没有选择与竞争对手对立，而是通过一系列的做法来弥补自身的不足。

经过调查史玉柱发现，很多农村的老年消费者对保健品有很强的需求，但是他们害怕花钱，不愿意自己买，而是希望儿女送给自己。虽然保健品市场上的产品种类很多，但是几乎没有一种是满足送礼需求的。史玉柱注意到对手忽视送礼市场的这一点不足，就专门做脑白金来填补市场的空白。此外，在产品设计方面，很多保健品口服液就是单一的口服液或者胶囊，而脑白金采取了胶囊加口服液的形式，这样的设计不但新颖而且快速受到了消费者的欢迎。

通过这样的做法，脑白金这个品牌在很多方面都改进了同类保健产品原先的不足，因而在市场上卖得十分火热。

脑白金的成功告诉我们，在激烈的竞争环境下，品牌想要求得生存，就不要试图跟对手搞正面竞争，而应该学会用自己的优势去占领市场。

一个品牌想要获得竞争优势，可以先从这方面入手。如果那些知名品牌率先发现自身的不足并设法弥补的话，小品牌就会很快丧失进一步发展的机会。因此，品牌竞争优势的建立还需要做到差异化。

（3）差异化建立竞争优势

很多品牌一开始总喜欢模仿别人，别人做什么，他们就做什么，别人怎么做他们便怎么做。那样看似非常安全，但是根本无法发展壮大，甚至不能获得足够的利润长期生存。想要取得竞争优势，生存下去，必须做跟别人不同的东西。即便是稍微有一些不同，也能体现出自己的价值和优势，从而获得利润。如果一味跟风和模仿，品牌的失败便不可避免。

然而很多品牌管理者并不认同这个观点，他们倾向于生产比竞争对手更好的产品，以此来获取更高的收益。其实这是相当困难的，特别是在中国这样的市场环境下。比如，一家研发手机的厂家，推出了很尖端的手机，按说应当获取更高的收益。但是山寨机很快就能模仿出跟它一样的功能，甚至在外表上更炫、更酷，而且价格非常便宜。国人对价格非常敏感，当然会买更便宜的东西了。对小品牌来说，生产出比那些行业领先者更好的产品，几乎是不可能的。它们的技术和资金实力无法与那些大企业抗衡。

面对这样的现实，企业家必须转变观念，消费者想要的不一定是更好的产品，而是不一样的产品。也就是说模仿和复制不一定能产生多少效益，而真正生产出与别人不一样的东西，即形成差异化，企业反而有机会获得发展的空间。

我们都知道红牛饮料很牛，是人们心中饮料行业的第一品牌，其地位无法撼动。在它成功之后，很多竞争对手都想做得比它更好。但是，这些企业多是一些复制者，红牛的包装是 8.3 盎司灌装，它们也大都采用这种规格。

有的人说，我们做的是简单的生意，很多东西都是规定死了的，没有办法取得差异化。这种想法有一定的道理，但是只要我们突破固有思维，一定能找到与别人不同的地方，从而获得竞争优势。

4. 好产品才有好市场

如今我们几乎都认同这样一个观点，那就是“酒香也怕巷子深”。于是，很多中小企业不太知名的品牌都急着宣传、包装、打广告。其实，我们没有意识到，产品的包装和宣传固然重要，但是产品才是营销的起点，有了好产品，才有好市场。

（1）产品才是品牌营销的起点

对任何一个行业来说，优质的产品都是营销的基础。产品的品质决定了公司的未来。很多年前，有一家生产糖果的公司雅客，它生产数千种产品，在市场营销上做足了功夫，但是业绩依然不理想。直到高质量的产品“雅客 V9”诞生，层层广告推进，整个公司的格局才发生了根本性的改变。由此可见，一款优质的产品才能够造就一家公司的辉煌。

那些著名品牌的成功无不是依赖高品质产品的支撑，像卡夫公司的麦斯威尔咖啡，奥利奥饼干，顶新集团的康师傅方便面……这些公司都有着一个或者多个优质产品，加上高超的营销策略，促成了它们如今的成功。

由此看来，产品才是营销的起点。一家公司只有拥有了好产品，才有可能占领市场。

（2）被消费者接受的产品才是好产品

中小企业的老板必须跳出这样的误区，那就是认为质量一流的产品就是好产品。

好产品的内涵很多，质量只是其中一个非常重要的方面。判断一个产品是否优秀的重要标准之一就是能否被市场接受。能被市场接受的产品就是好产品。

产品要被消费者接受，不仅要满足他们的实用需求，更要满足深层次的人性需求。一个产品想要满足消费者的实用需求并不难，只要它的质量不出问题就可以。但是，很多产品并不能做到满足人性的人性需求。如果产品不能做到这一点，依然不能被消费者广泛接受。

美国有一家烟草公司，费了很大的功夫发明了一种专利无烟香烟，可以解决被动吸烟的问题。公司对这个产品抱有极大的信心，结果投入市场之后，销售情况十分惨淡。在中国也有不少不含尼古丁的香烟替代品，短时间内，这样的产品有一定的销路，但是从长远来看，还是不能做出名堂来。

为什么会这样呢？烟民之所以吸烟，要的就是吞云吐雾的感觉，他们在吸烟的时候并不在乎别人的感受。香烟里面的尼古丁和焦油等成分会让人的大脑分泌脑啡肽，让人产生快感。所以，在思考和工作的时候，吸一支烟可以减缓焦虑和压力。长此以往，人就会对香烟形成依赖。更为重要的是，香烟在很多地区是一种社交工具，如果自己递给别人香烟的替代品会成为一种笑话，是非常不礼貌的做法。

因此，尽管这类产品的实用功能强大，但是不能满足人性的需求，所以不能被广泛接受，只能成为不成功的产品。

很多中小企业的老板在做产品的时候，仅仅定位在功能上，不能满足消费者深层次的人性需求，这就注定了产品的失败。因为功能并不是一切，满足人性的内在需求才是做好产品的基础。

比如，一些互联网企业家，他们的产品仅仅是做一些微小的改进甚至是单纯的模仿。其实很多互联网产品都能拷贝，不管是 Facebook（脸谱），还是 Twitter（推特），都可以拷贝。但是很多公司拷贝了这些功能之后，还是不能取得成功。为什么？因为他们可以拷贝 Facebook 的功能，但不能拷贝它的网络关系，无法做到像它一样满足人们渴望交往和互动的深层次需要。因此，拷贝出来的互联网产品不能被广大消费者接受，也不能成为好的产品。

好产品还是包装和运营出来的。满足消费者的实用需求和人性需求固然重要，但合适的包装和运营更重要。我们生活在一个供过于求的时代，在这种情况下，人们很难被某一种产品吸引，如果把好的东西放在那里，等待人们去发现，几乎是不可能成功的。经营产品的人必须把产品进行适当的包装和运营，才能引起人们的注意，进而被消费者接受。

我们在生活中见过不少好东西。比如一些土特产，它们本身的价值很高，质量也不错，但是，生产它们的企业没有给它们打出名声，也没有做到成功的运营，这就使得这些产品在市场上不能得到广泛的认可。因此，它们只能算是普通的产品，而不是好产品。

（3）做好产品，不能靠忽悠

我们经常听说，一个奇妙的广告创意催生了一个成功的产品，甚至因为这个产品而带动了一家公司的兴旺发达。这说明广告的作用是巨大的。但是，这些企业发达的前提是有良好的产品和服务做支撑。如果企业没有好的产品和服务，单纯依靠广告忽悠消费者，那么这些企业只能一时红火，不久就会衰落下去。为什么会这样呢？

因为广告的作用是双向的。一方面广告会说服消费者来购买产品；另一方面消费者通过体验产品对广告也会产生新的认识。有些企业拿出重金砸完广告之后，并没有把产品或者服务等消费者所能体验到的最核心的东西做好。所以，消费者把对企业的不良印象广泛传播，使得这些企业的产品卖不出去。这些企业因此迅速失败。

如果经营者依靠广告忽悠消费者，消费者对产品的不良印象会放大3倍，这些不良印象经过他们的传播，就会给企业带来巨大损失。

为什么不良印象会放大3倍呢？我们可以通过下边的例子分析一下。假如有人现在拿走你的手机，只允许你使用固定电话，并且他愿意补偿因此给你带来的不便。你觉得每个月补偿多少合适呢？

1000元可以吗？因为你实际支付给移动公司的不过是1000元左右的话费。拿走你的手机，移动不再向你收1000元了，还有人额外支付你1000元，用此作为你的“精神损失费”。如果你认为1000元不合适，那么2000元？3000元？你会选择哪一个呢？

有人为此做过实验，很少有人的回答是低于1000元的，多数人希望得到超过3000元的补偿。有个企业家甚至向实验者索要100万元，手机似乎成了他的宝贝。

这个现象非常有意思，本来1000元的话费，被取消之后，消费者索要的价格远在1000元以上。原因其实很简单，消费者使用久了一种便利功能，他已经习惯了这个功能，并在此基础上投入了感情，如果取消这一功能，赔偿的就不仅仅是原本性能的价钱了。

由此看来，产品的性能价值会因为消费者的使用而放大。

相反，如果产品的性能给消费者带来的不是便利而是麻烦，其价值也会相应缩小。经过专家进一步的研究发现，放大和缩小的幅度，大约都是3倍。

如果只靠忽悠来做市场，一旦消费者对公司的产品产生不良印象，这个印象就会被放大。企业想要避免消费者放大对其产品产生的不良印象，就不能依靠广告忽悠消费者，而必须重视产品本身的价值，在做好广告的同时，用过硬的产品和服务来支撑它。

很多著名的企业都是先在内部做好准备，然后才开始用广告推出自己的产品。当然也有部分企业先推出自己的产品，建立知名的广告形象，然后推出其产品。但是，当它们一旦发现自己的管理和产品与外部的形象不一致时，会立即加强管理进行调整，从而使企业的发展走向正轨。

因此，在准备为产品做广告之前，一定要审视产品本身，认清它们是不是优质产品，是不是满足了消费者的特定需求，有没有很高的附加值。企业家只有把产品品质搞好了，再通过各种手段渠道推广，利润才会随之而来。相反，如果一些中小企业只是靠广告来忽悠消费者，而没有良好的产品做支撑，那么它们将面临巨大的风险和失败。

5. 长期品牌战略规划

营销大师凯文·凯勒认为，打造一个知名品牌关键在于企业必须在每一个市场领域都建立起品牌资产，同时也必须长期测量和管理品牌资产。几乎所有顶尖的企业都认同这个事实。

凯勒提到，如果要打造知名品牌，必须在顾客心目中建立起强烈、认可和独特的品牌联想。企业必须确保顾客在购买或使用其产品和服务时，得到特殊且正面的体验。

中小企业在打造品牌时，必须具备一些有关市场判断、侦测和研究的知识和技能，如此才能针对顾客和竞争对手做出精确的判断。此外，创造力也是要件之一，有助于找寻全新和实用的方法以满足顾客的需求。

在进行任何一种营销活动时，善于将资源进行最适当的分配，将是企业非常珍贵的商业技能。广告和营销在建立品牌上固然扮演重要角色，但绝不是全部。

凯特曾经在英特尔、迪士尼、耐克和星巴克等知名企业担任品牌顾问，他说："通常我提供独立的观点和意见协助企业将事情简化，在很多情况下，企业和营销人员可能会被工作和所面临挑战的复杂性击垮，我通常是帮助他们厘清架构，并且找出聚焦点，好让手边的任务更为清晰明白。"

例如，星巴克是一家善于提供优质产品、服务以及满足顾客渴望的公司。如果企业都能效法该公司的做法，媒体就会报导，顾客也会主动谈论。正面的口碑和公关是建立品牌时，非常有力而且成本低廉的方式。

企业在建立品牌时，应该具有创造力，并且在设计和执行营销计划时表现得有纪律。营销人员必须具备敏锐的观察力，喜欢研究顾客和竞争对手，同时还必须能够站在顾客的立场来看事情，确保公司能够听到顾客的声音。最后，他们还必须和公司的其他部门合作共事，如此才有助于解决他们在营销时所碰到的物流、财务、法令规范及其他方面的难题。

在研拟营销计划时，应该体认到顾客所扮演的角色是潜在且积极的参与者。但是，也有许多顾客对于扮演这样的角色其实是不感兴趣的，在互动或响应上也比较消极被动。因此，如何恰如其分、审慎地对待顾客，也是很重要的。

企业能够使用的做法之一就是，针对那些确实想要参与其中的顾客，建立起品牌社群，进而培养他们对于品牌热切且积极的忠诚度。换句话说，聪明的企业会设法适度地让顾客参与其品牌建立。所有品牌都必须专精于创新、创造与顾客的联结，不这么做将会导致严重的后果。

第九章

搞好团队建设，避免成员内耗

中小企业的经营也需要组建团队吗？团队不仅仅意味着人多力量大，大家走到一起可以共同努力把一个困难的任务完成，另外随着分工的不同，一项工作需要几个人的合作才能够完成。我们组建团队的目的不是达到 1+1=2，而是实现 1+1>2 的效果。通过协作爆发出 1+1>2 的效应，这才是团队存在的真正价值！

1. 创造信任的氛围

如何构建团队，使团队真正发挥其最大的效用已逐渐成为中小企业能否走向成功的决定性因素。团队建设的首要任务就是创造内部信任的氛围。

在对一个人了有所解之前，很少有人能真正地相信对方。即使我们上面提到过的契约型信任，也并不代表真正的信任，而只是通过契约的形式进行合作，其合作的基础不是信任，而是契约带来的法律保障。

真正的信任总是建立在了解的基础上，当一个人说信任你的时候，也就意味着他可以把一切都交给你。但是，了解一个人容易，信任一个人却很难。有时候，你要经过许多的考验、许多的磨难才能够真正毫无保留地去信任一个人。

一个不被信任的将军一定带领不出具有超强战斗力的部队，同样，一个不被信任的领导也一定难以带出有战斗力的团队。遗憾的是，直到今天，仍有大部分人并不关注团队内的信任问题，直到信任关系破裂，他们才会重视。然而，到那时，损失已经造成了：员工不愿意讲事实，也不愿意分享信息，领导制订让人费解的目标，管理层失去功效，员工喜好在背后议论别人——糟糕的事一件接着一件，持续不断。

是什么导致团队内的信任关系破裂呢？一些常见的“信任炸弹”是值得我们注意的，它们包括违反承诺、不道德行为、不公平待遇（比如不恰当的提升），未达到理想结果、沟通不利或缺乏沟通、无认可、无反馈、误传专家意见，等等。

建立一个互相信任的团队氛围并不容易，但这却是团队领导必须要做的事情。否则，团队内部合作的成本就会大大提升，团队的工作效率也会下降，这显然是团队领导不愿看见的事情。当然，一些“半路上任”的团队领导在接手一个新团队的时候，往往会根据自己的思维去改变团队内部一些既定的做法，有时候虽然出发点是好的，但却可能在无意中破坏了团队内部信任的氛围，这也是值得团队领导注意的。

由于文化背景的不同，在西方，人们可以通过契约型信任建立起良好的合作关系，而在中国，我们却必须先有了感情的信任才能建立起良好的合作关系，这是中西文化的差异，也是我们在建立信任的团队氛围时需要考虑的问题。

从广东华帝燃具股份有限公司七位创始人的关系上面，我们也能发现这种文化差异所带来的信任差异。

1991年，邓新华、黄文枝、潘权枝、李家康这四位在广东中山小榄镇玩大的好朋友在积累了大约100万元人民币的资金后，经过缜密的市场调查，决定进入“燃气灶具”这个极具发展潜力的行业。此后，善于组织协调的邓新华邀请了懂得灶具生产知识的中学同学杨建辉加入合作团队，杨建辉随后又推荐了自己的两个好朋友，黄启均和关锡源。这两人都曾在一家燃气灶具有限公司从事销售工作，对市场非常熟悉。7人的合作就此定局。1992年年初，广东华帝燃具有限公司成立。

在管理上，7位创始人分管生产、技术开发、公关、人事等，“各管一摊”的局面持续了多年。但是，随着华帝逐步成为中国燃具市场的领军企业，这种管理方式已不能适应公司发展的需要。1999年，7位创始人对外宣布将华帝的所有权和经营权正式分离，并集体退出管理岗位，引入了职业经理人姚吉庆担任总经理职位。

姚吉庆上任之后，通过一系列管理变革建立了现代化的组织架构，这一变革大大提高了华帝的运营效率，减少了7位创始人“各管一摊”所造成的摩擦。在此体系的支撑下，华帝的技术开发速度明显加快，2000—2001年就有50多款新品上市。同时，姚吉庆投建了新的生产基地，企业的生产瓶颈问题也得到解决，企业的规模不断扩展。

2000年，姚吉庆向董事会提议及早启动公司上市的准备工作。7位董事兼创始人一致投票通过。但改制的具体工作是由七位董事之一的黄启均负责，姚吉庆作为集团公司的总经理，并没有参与改制的过程。2002年，华帝正式上市后不久，公司的人事格局又发生了大的变化。姚吉庆辞去了华帝集团总经理的职务，转投另一公司担任CEO。之后，7位创始人之一的黄启均接任总经理。

这7位创业者既非家族成员，互相之间也没有亲戚关系。但他们却将彼此的合作关系保持了14年，并且将继续保持下去。那么，同是非血缘关系的创业团队，为什么创业的七个人能够在有摩擦的情况下仍然保持良好的合作，而姚吉庆却不能融入他们的团队呢？

信任在这儿起了关键的作用。要知道，华帝的7位合伙人彼此之间都是熟人，其中四人还是从小一起玩大的朋友，彼此之间的感情深厚。由于私人信息对称，信任关系就很容易建立起来。

而且，为了保持这种信任的合作关系，华帝的7位领导人一直保持着极具中国特色的情感交流方式。他们定期聚在一起吃饭或喝茶，借此互通信息，交流看法和联络感情。通过家庭式的聚会这种不同于西方理性传统的方式，他们可以缓解彼此之间的摩擦，增强人际互动关系，而这恰恰也成为了协调他们继续合作的润滑剂。

可见，只有建立了信任的氛围，才能保持持久的合作。就中小企业如何建立信任的氛围，我提以下8条参考意见。

（1）展现信任

假如你想建立一个信任的工作环境，那么首先要展现信任。制定规则、政策和流程，来保护组织内大多数需要和应当被信任的员工不受一小股坏势力的影响。

（2）分享信息

信息就是力量。建立信任关系的一个最佳方法就是分享信息。分享信息有时意味着公布一些被认为是机密的信息，包括敏感和重要的话题，如竞争者的行动、未来的商业计划和策略、财务数据、行业问题、竞争者的标杆行为、团队行动对组织目标的贡献以及绩效反馈。给员工更多的信息意味着向员工传递信任和“我们在一起”的感觉。这能帮助员工从更深层的角度看待组织以及内部各种群体、资源和目标的相互关系。

（3）开诚布公

各种研究均表明，员工最看重领导是否正直。人们愿意跟着自己信任的人。商业领导如能开诚布公，即使对待坏消息也能用一种开放和诚实的态度，那么就能建立牢固且长期的信任关系——无论在公司内部还是外部。

（4）给每个人提供赢的机会

你希望员工是一起工作还是彼此竞争呢？当组织内的员工被迫彼此竞争的时候，所有人的信任都将丧失。员工唯一考虑的就是怎样才能成为第一。

（5）给予反馈

保证领导按时与员工进行面谈，讨论他们的工作进展。这将给经理创造机会在事态变得严重之前就掌握问题所在，在恰当的时候给予员工绩效反馈，这样能够有效提高员工绩效表现达标的概率。

（6）正面解决问题

正面解决问题意味着要把问题摊在桌面上，给予员工机会去影响整个过程。当领导者扩大员工的影响圈时，员工就更愿意接受最终的结果，因为他们不再感到自己是被控制着的。这将增强信任关系，提高领导者的信用度。

（7）承认错误

道歉是一种有效的纠正错误的方法，同时能重建信任并改善关系。但是在很多组织内，员工和经理都习惯于掩饰错误，因为他们认为这些错误是不能被别人所接受的。这样的做法把问题变得更严重。领导者如能在自己犯错时勇于承认错误，并不会被视为懦弱——他们将被认为是正直的、值得信赖的。

（8）言行一致

一个领导最重要的是必须作为组织愿景和价值的活标本。领导力中最关键的是和他人建立信任关系。缺乏信任的组织就不可能有效发挥功效。领导者和员工之间的信任对彼此一起工作起着至关重要的作用。假如领导说这样却做那样，员工就会质疑他们是否还值得信任了。

这8条参考意见也许并不全面，但它却足以让我们意识到，只要你有心，建立一个互相信任的团队也不是那么难。

2. 善于调动员工的积极性

对中小企业的老板来说，你别指望最基层的员工跟你一样有雄心抱负，对你强调的那种企业文化有认同，实际上他们更多的还是关心个人利益问题。

（1）薪酬激励

要想调动员工的积极性，最有效的莫过于激励手段。提高员工效率的方法有很多，但所有的方法都必须有一个前提，那就是在工资待遇上达到员工的心理期望值，甚至要超过他们的心理期望值。

通常来说，当员工的工资不高的时候，他们的工作效率是很难有所提升的。反之，当员工的实际收入远高于行业平均水平的时候，员工的工作效率通常也是最高的。

这也是我们大多数中小企业需要认真考虑的一点。我们给员工最低的待遇，他们就会给我们最低的工作业绩。反之，我们给员工最好的待遇，他们就会给我们最好的工作回报。

薪酬激励是一个非常重要且易被人运用的方法，也是目前企业普遍采用的一种有效的激励手段。

根据马斯洛需求五层次理论，人的需求是分层次的，只有满足了低层次的需求之后，才会考虑高层次的需求。薪酬作为满足低层次需求的保障条件，对绝大多数人来说，仍是个硬道理。当然，薪酬激励并非是盲目地给员工高薪，能否有效地运用好薪酬激励，使员工发挥最大的效益，这里是有一定的技巧的。

北京通州有一家巨鑫包装公司，其员工的平均工资为每月1800元，产品的合格率在80%左右。老板叶洪领希望员工进一步降低成本、提高质量，更好地为客户服务，他向薪酬经理陈紫阳提出：如果把员工工资加到每月2000元，合格率有没有可能上升到85%？

陈紫阳给出的建议是，把工资分解为每月1200元固定工资和600元浮动工资。如果产品合格率为80%，员工可得浮动工资200元；合格率85%时可得300元；90%时可得400元……

这样，老板同样支付每个员工每月1800元的工资，合格率却可能达到99%！

由此可见，在薪酬总额相同的情况下，因其支付的方式不同，所产生的激励效果也是不同的。

（2）认可和称赞激励

人人都喜欢被认可与称赞，作为管理者，如果能够对表现好的员工给予赞美、肯定，员工的士气必定大增，这是非常廉价且有效的管理方法，很遗憾，这种激励方式被很多人忽略了。

有一个促销员出色地完成了任务，于是兴高采烈地对店长说："我这个月的销售额比预期的多了20%，这将是我迄今为止做得最好的一个月。"

但是这位店长的反应却很冷淡，他说："是吗？你今天上班可是迟到了啊。近来好几次了，我可是一直没说你。"

员工本来是很高兴的，没想到却被批评了，忙说："二环路上堵车了。"此时店长严厉地说："迟到还找理由，都像你这样，我们店里怎么做生意！"员工垂头丧气地说："那我今后注意。"一脸沮丧的员工有气无力地离开了店长的办公室。

通过这个例子，可以看出，该员工主动寻求店长表扬时，不仅没有得到任何赞美，反而因为迟到之事被训斥，结果积极的情绪受到了很大的挫伤，没有获得被肯定和被认可的心理需求满足。

实际上，表扬激励轻而易举，比如对员工进行话语的认可、通过表情的传递、拍拍员工的肩膀、写张简短的感谢纸条等，都可以满足员工被重视、被认可的需求，从而收到激励的效果。

一旦管理者拒绝给员工赞美和肯定时，他就错失了维持员工热情的机会，无法持续创造佳绩。

（3）目标激励

设置适当的目标，激发人的热情，达到调动人的积极性的目的称为目标激励。在心理学上，目标通常被称为“诱因”，能够满足人的需要的外在物。个体对目标看得越重要，实现的概率越大。因此，设置的目标要合理可行。

目标分为总目标与阶段性目标。总目标可使人有工作的方向感，但是总目标会使人感到遥远、渺茫，影响人的积极性。因此，将总目标分成若干个阶段性目标，通过实现几个阶段性目标来实现总目标。阶段性目标使人感到具有可行性、合理性。

（4）榜样激励

榜样激励就是通过树立鲜明、生动、具体、形象的学习榜样，激发员工的上进心和荣誉感，以最具煽情的方式带动员工一起奋斗。

俗话说，榜样的力量是无穷的，如果能树立企业学习的榜样，就会在潜移默化之中使人们受到教育，从而激发斗志，奋发有为。

榜样具有很强的感染、号召、启迪、警醒等功能，是极具说服力的激励利器。与空洞的说教不同，榜样的力量在于行动，行动比语言更能说服人，给员工的激励是一种潜移默化的影响。一个榜样就是一面旗帜，用榜样带动员工，形成向心力、凝聚力，是促进企业发展的很好选择。

3. 真诚沟通才能赢

管理的过程也是沟通的过程。在日常工作中，与人沟通是一件十分重要的事情。我们与下属要沟通，因为我们要传递相关的信息，包括职责、流程、标准等；我们与上级领导也要沟通，因为我们要向上级领导汇报工作；部门与部门之间也要沟通，沟通相互的进度，沟通怎么配合，等等。

（1）沟通的四个 70%

下面，我们来看一下关于“沟通的四个 70%”的说法。

第一个 70%：企业管理人员每天有 70% 的时间花在沟通上。特别是基层管理者，几乎每天有大量的时间在开会、布置工作、做计划、传达上级精神等。这都是沟通，不管是书面沟通，还是语言沟通。

第二个 70%：企业 70% 的问题是由沟通障碍引起的。如果一个领导动不动就朝下属嚷嚷，那多半是因为沟通不畅引起的。为什么要朝下属嚷嚷？就是因为总觉得下属做得不对。其实，领导者只有先从自身找原因，才能避免问题的再次发生。

第三个 70%：工作中 70% 的错误是由不善于沟通引起的，如果有人远离你，如果你感到自己越来越孤独，不要先从别人身上找原因，而是要先问问自己，是不是自己很少主动跟别人沟通。

第四个 70%：除了睡觉，我们 70% 的时间都在沟通，跟同事、好友、家人等。

（2）沟通的注意事项

人类社会的一切活动都是信息制造、传递、收集的过程，所以沟通是经常需要的，所以我们要注重沟通、善于沟通。那么，该怎么沟通呢？

目的不同，沟通的方式和侧重点也会不同。比如你是为了纠正员工的行为，在沟通时，你的侧重点就是对方的工作方法和技巧，并且一定要让对方认识到他的工作行为出现了偏差，这种行为会给工作带来什么样的不良影响，也要给他解释清楚。同样，假如你沟通的目的是表达情感、联络感情，那你在沟通的时候就要多关心员工的生活，多谈一些轻松的话题，尽量不要太严肃地去谈论工作。

沟通的时候，要学会换位思考，站在对方的角度想一下，你传达给对方的任务客观上能不能完成，你传达给对方的观点是不是只考虑企业的利益而没有考虑员工的利益，你的讲话方式对方是不是能够接受？

大多数情况下，沟通就是说服别人接受自己的想法，把自己的意愿传达给对方，让他自觉地执行。而不是采用强制手段，无论客观情况如何都要对方无条件地去执行，而且做不好还要罚款。显然，这样的沟通不叫沟通，而是命令。

一些管理者在安排任务的时候，把大家叫到一起开个会，把文件一读，或者干脆口头宣布一下任务就算完事，而根本不问一下下属在执行的过程中可能会出现的困难，更不愿意对下属表一下态，告诉下属如果有需要领导出面的地方，尽管来找。还有的管理者在安排任务的时候根本不让别人说话，只管按照自己的想法去安排，结果下属工作的时候出了问题，明明是管理者的安排出了偏差，最后全算到了下属的头上。

在这样的一种前提下，管理者再去找员工沟通，显然不会得到员工的认同。除非你找到了问题的原因在自己身上，并且诚心诚意地向员工道歉，也许他们还能够真心地和你沟通。否则，无论你采取什么样的沟通技巧，都无法让下属相信你，沟通也就只能是一厢情愿的事情了。

当然，沟通的技巧仍然是任何一个管理者必须掌握的工作手段。对不同的员工使用不同的语言方式进行沟通，是沟通的基本要领。对一个非常直爽的员工，你的谈话拐弯抹角谈不到正题，只会让对方厌烦，甚至会认为你不真诚；而对一个非常敏感的员工，你如果直来直去，不顾及对方的感受，对方也会接受不了，甚至会对你心生怨恨。

虽然你是领导，但是你的沟通方式却是被对方的各种背景所限制的。如果对方的知识层次比较低，你就不能用专业术语跟他沟通；而如果对方是一个专业人员，你就不能用大白话跟对方交流，否则，对方会觉得你水平不高。

在沟通的过程中，管理者一定要具有主动性和主导性，牢记沟通的目的，一旦发现谈论的话题偏离了沟通的方向，就要及时制止，不要偏离话题。沟通的目的一般可以分为四个方面：一是控制成员的行为；二是激励员工改善绩效；三是表达情感；四是交流信息。

在沟通之前管理者就要考虑，你的目的是哪一个？明确了沟通的目的，接下来你还要考虑，如何沟通才能达到目的？

(3) 倾听，是一种心与心的交流

沟通是双向的，不是单向的。这就要求我们善于倾听，一定要听听别人怎么说。很多时候，说得多了，听得少了，误会和矛盾也就产生了。我们不要总是说个没完，我们要时不时地停下来，听一听别人的感受，进行心与心的交流。

倾听最重要的是集中精力，把心思放到对方身上，这样，你不仅可以接收到更多的信息，而且，还是对对方的尊重。

要做一名好的倾听者，需要做到以下几点：专注地听对方讲话；站在对方的立场，不要打断讲话人；善于使用鼓励性的言辞，然后做眼神交流，或赞许地点点头；善于确认自己所理解的是否就是对方的意思；避免使用情绪性的言辞；不要急于下结论；善于以提问和复述的方式来表达感受，并归纳总结。

(4) 信息表达要简明扼要，不要模糊不清

在交流中，我们经常会遇到一些理解困难的字眼，含混不清，不知道想表达什么意思。比如："待会见儿"，要待多久？几分钟？还是几个小时？对方到底应该待多久？"一分钟就到"，真的是一分钟吗？"刚才"的意思是不久之前，但是时间很难确定。"马上就办"的意思是立刻动手，但是立刻也是个模糊的词语。

不同的人有不同的背景和经历，他们关心的事情也千差万别。在这样的情况下，要想被人理解，就要先理解别人，这样才能形成良好的沟通。如果你感觉对方使用了太多模糊的字眼，而你又不清楚对方究竟是什么意思。一定要直说。

信息表达要简明扼要，沟通时尽量使用积极、正面、表达强烈感情的字眼。尽量使用主动语态，避免使用被动语态。

记住，语言能够影响一个人的心情，所以，在沟通时，尽量使用一些容易引发共鸣的词汇和字眼。不要说："我觉得你们应该接受这个建议……"

而要说："该项研究让我坚信你们能够接受我们的方案……"然后提供一些案例来支持这个观点。

4. 相互协调成就团队高绩效

中国有一句古话："千人同心，则得千人之力；万人异心，则无一人之用。"说的就是如果一千个人同心同德，就可以发挥超过一千人的力量；可是如果一万个人离心离德，恐怕连一个人的力量也比不上。

（1）协作的力量：1 +1 >2

协作的意思是"大家一起可以获得更多"。可见，"1 +1 >2"是协作的力量，是团队的力量。

在企业中，团队成员要相互协作才能获得更多，不要动不动就有"这是我的，跟你没关系"或"别人的事情跟我没关系"的思想。我们不妨想一想，在工作中，我们和谁协作了，我们的员工有没有互相协作，我们的团队有没有互相帮助。

有一种说法：欧美人打桥牌，打的是协同配合；日本人下围棋，想的是整体布局；中国人搓麻将，摆的是各自为阵。我觉得很心痛，我们中国人难道是这样的吗？其实，我们中国人也是具备团队精神的。

> 汶川大地震后，在北京的天安门广场，3 分钟默哀后，无数的群众仍然聚集在广场上，手举着国旗，呼喊着"加油，中国！加油，四川！加油，汶川""坚强中国，坚强汶川"这样的口号。这代表的是 13 亿中国人民心中共同的声音，反映的是一种大爱。
>
> 当 13 亿人的声音和泪水流在一起的时候，当 13 亿人手相牵、心相连的时候，团结和协作在那一刻体现得淋漓尽致。

可见，我们是最能够团结在一起的，关键是把大家的团结精神激发出来。

在企业也是一样，管理者要把员工团结在一起，要让大家都觉得“我们是一家人”。只有这样，大家才能劲儿往一处使，心往一处想，拧成一股绳，互相帮助，才能战胜一切！有协作，就没有“不可能”。

团队协作应注意以下几点。

①养成好习惯

在工作中，人们经常会受到人为习惯因素的影响。好的习惯使人受到尊重，会给工作带来益处；不好的习惯会影响人们的工作，难以达到预想的效果。

在团队中，每一个员工的习惯应该有所改变，与团队成员相互融合，以适应中小企业发展的要求。如：要将“这是我的责任”“这是我的工作”“这是我的错”等思维认识形成自己的习惯，并表现在实际工作中，这样团队的精神也就有了。

②自动自发地工作

企业员工每天按照岗位职责要求，认真完成工作任务，同时还协助部门其他成员的工作，这就体现了工作的主动性，并不是坐、等、看，事事都靠领导来安排布置。

企业全体员工要有“不放弃、不抛弃”的精神，以主人翁的姿态，与企业同呼吸、共患难，以敢打“硬仗”的精神和敢打“胜战”的信心，知难勇进，恪尽职守，认真做好自己的本职工作，用实际行动来帮助企业战胜困难。

③集体荣誉感

集体凝聚力来源于集体荣誉感，是企业不断发展的促动力。我们将企业员工分部门、分班组，并以部门、班组为单位去完成任务。这些任务是一个人无法完成的，必须由多人协作才能完成，经历了工作的配合与合作后，员工之间自然就会形成一定的信任，集体荣誉感也就更加强烈。

（2）团队协作要扮好自己的角色

在企业里，每一个人扮演的角色不尽相同。每一个员工都要扮演好自己的角色，做好自己分内的工作，管理者要做到公正廉明，及时做出决定，合理分配每个人的任务。团队中每个成员既要有分工，更要有协作，要有牺牲精神，团结一心，众志成城。团队内还要做到资源共享，每个人把自己的资源贡献出来，就是最全面宝贵的资源。

一个好的团队应该具备以下几个特点。

①结构平衡，角色齐全

角色齐全，才能功能齐全。一个优秀的团队，应该是实干家、信息者、协调者、监督者、推动者、凝聚者、创新者和完美主义者这八种角色的综合平衡。角色齐全了，每个人都能尽到职责并发挥出各自的优势，团队就有了战斗力。

②容人短处，用人所长

知人善任是每一个管理者必须具备的基本素质，在管理自己的下属时，应该充分认识到各个角色的基本特征，容人短处，用人所长。

③尊重差异，实现互补

每一个员工的工作职责各有差异，工作经历、个人学历也有差异，我们要懂得尊重差异并做到优势互补，才能最大限度发挥出员工的潜能，从而做好工作的每一个环节。

④增强弹性，主动补位

要特别注重培养团队成员的主动补位意识——即当上述八种团队角色出现欠缺时，其他团队成员应在条件许可的情况下，增强弹性，主动实现团队角色的转换，使团队的气质结构从整体上趋于合理，以便更好地达成团队共同的绩效目标。

（3）团队协作要发挥员工各自优势

团队与群体最大的差距就在于团队具有创造性，通过团队成员间的合作互补，每个人同时就具备了自己的优势和别人的优势，故能产生“核裂变”式的爆发性力量。而群体却只有制造性，最好也只能做到 1 + 1 = 2 的效果。即使群体中有个别人具备创造性，但由于无法和其他人合作互补，也就无法产生 1 +1 >2 的效果。

有的公司把几个员工聚集在一起做一件事，就号称建立了一个团队，这显然是对团队本质的不了解。要知道，建立一个团队，不是一件容易的事，而要建立一个优秀的团队，更是特别的不易。最起码的，在建立一个团队之前，我们要弄明白，为什么要建立一个团队，建立团队对我们有什么好处。

唐僧是一个好领导，他知道孙悟空要管紧，所以经常念紧箍咒；猪八戒小毛病多，但不会犯大错，偶尔批评下就可以；沙僧则需要经常鼓励，这样，一个明星团队就成形了。

一个企业里不可能全是孙悟空，也不能都是猪八戒，更不能都是沙僧。很多时候，中国的企业往往是几年下来，领导人成长最快、能力最强，其实这样并不对，他们应该学习唐僧，用人用长处，管人管到位即可。毕竟，企业仅凭一人之力永远做不大，团队才是成长型企业必须突破的瓶颈。

团队协作可以发挥员工各自的优势。也就是说，在团队中，员工要发挥各自优势、互相帮助，才能体现合作价值。团队协作就是“相互借力”，要用好，要用巧。

协作体现在生活的方方面面，离开协作任何人都寸步难行。下班后，到了吃饭的时间，你要吃快餐，直接打个电话让服务员给送上来；你要出门打出租车，出租车为你服务；你的公司刚创业，不想养会计，找个记账公司，帮你把账记好……

（4）提高团队协作的技巧

那么，作为中小企业管理者，如何做好团队协作，怎样提高员工的团队意识和协作意识？以下是六大技巧。

①从自己做起，做好表率

作为中小企业的管理者，需要经常问问自己：“我做好协作的表率了吗？”“××主管让我帮他做一件事情，我做了吗？”“我昨天帮助谁了？”

“昨天经理让我帮助××部搬一些物品，我搬了吗？”

我们是经常这样考虑自己与他人的互相协调、互相协作，还是动不动就抱怨：“这跟我有关系吗？”“我们部门的事情都没有完成，凭什么调我的员工？”“凭什么让小张去帮你做事，我们的工作还没做完呢！”

都说“上梁不正下梁歪”，如果我们经常这样做，那我们还能让下属很好地协作吗？因此，从某种角度来讲，要想让团队做好协作，我们得先从自己做起，给员工树立一个好榜样。

②与上级一起制订和执行协作规则

如果要在团队内部倡导协作，就需要把协作当作一种文化，那么每天都应该观察自己的员工能不能协作。

为强化员工的协作意识，可以请员工讲自己协作的故事。这样做的意义在于，当上头重视某个问题的时候，下面的人都会重视；当上头让大家分享自己的协作故事的时候，下属就会时刻注意协作。于是，在脑子里这样询问自己：“我怎么去跟别人协作？”“我怎么去帮助同事和合作伙伴？”

员工的协作做得好时，一定要给予奖励和鼓励，这就要求团队成员一定要与领导一起制订和执行协作规则。如果没有这样的标准和规则，也没把它当回事，员工们会认真对待和执行吗？

③不断要求员工相互协作

作为团队领导，如果平时不要求和督促员工协作，也不关注员工彼此之间有没有协作，那么协作标准就很难灌输下去。你帮助了别人，别人才会帮助你；你不帮助别人，别人也不会帮助你。只有相互协作，才能形成良好的协作氛围。

④有针对性地沟通及找到解决方案

对于一些喜欢独来独往、跟别人难以协作的员工，团队领导要有针对性地找他们沟通，以发现问题的原因，是他们本身就自私，还是他们不喜欢帮助别人？是团队中一直没有人帮助他们，因此他们也不想帮助别人，还是团队的氛围本来就不好？

通过沟通，找出问题的根源和解决问题的方案。一定要先了解清楚问题出在哪里，然后才能有针对性地指导员工怎样协作。

⑤营造开放的交流氛围

在团队中，一定要让成员之间彼此互通消息，营造开放的交流氛围，千万不要隐藏信息。在很多企业，知道经营目标的永远只是老板，不是下属，那么，作为领导，要把自己和团队成员捆绑在一起，就需要让下属知道企业的营业目标。

⑥培养员工换位思考的习惯

一个畜栏里关着一头乳牛、一只小猪和一只绵羊。一天，农夫捉住了小猪，它猛烈地抗拒，大声嚎叫，听上去撕心裂肺。乳牛和绵羊对小猪这一强烈反应很讨厌，便说："小猪，你也太胆小了吧。我们两个经常被他捉，但是我们从来都不大呼小叫。"

小猪听了回答道："难道你们不知道，他捉住你们只是为了要你们的乳汁和毛，但是捉住我却是要我的命啊！这能一样吗？"

在这则小故事里，乳牛和绵羊嘲笑小猪胆小是因为它们完全站在自己的角度考虑被抓这个问题，所以它们完全没办法理解小猪强烈的反应。

其实，在现实生活中，我们也常犯这样的错误，总是站在自己的角度去埋怨或指责别人的错误，却不知站在自己的角度和对方的角度看到的完全是两种景象。

现实生活中，每个人都有自己扮演的角色，活着就需要以自己的角色与各种各样的人打交道。学会换位思考能让我们与他人的交往更融洽。很多人会有这样的疑问：我们要站在对方的立场上想多久？而且对方的利益和我的利益对立，我站在对方的立场上想，是不是会影响自己的利益呢？

站在对方的立场上想问题并不是不考虑自己的利益，而是让对方获利的同时，自己也得到利益，是一种共赢的思想。之所以要站在对方的立场上想问题，最终是为了达成我们的目的。换句话说，如果对方觉得我们的确考虑到了他们的需求，并使用他们可以接受的方案，他们是乐于合作的。

第十章

让企业文化落到实处

企业文化的重要性越来越受到人们的关注。一个企业如果有良好的文化氛围，员工就能够在轻松愉快的环境中工作，他们彼此信任，有共同的目标，能够互相合作，并爆发出极强的创造性和战斗力；而在那些没有企业文化或者有不好文化的企业里面，成员之间关系冷漠，上下级也缺乏沟通和信任，部门之间更是互相推诿，内耗严重，最终导致目标无法实现。

1. 企业经营要有以人为本的文化理念

在现代经济社会中，企业文化已经上升为企业核心竞争力，企业文化不仅反映出企业的生产经营特色、组织特色和管理特色，更反映了企业在生产经营活动中的战略目标、群体意识、价值观念和群体规范。推动我国中小企业文化建设，对中小型企业自身的发展和推动国民经济的发展都具有重大意义。

有一家民营企业经过数年苦心经营，已经具备了一定的规模，产品畅销全国，部分还远销国外。但随着企业的不断壮大，老板张总感到有些力不从心。自己的期望、想法、思路一到往下执行就全变了样；各级之间都存在沟通障碍；员工与上级很难达成共识，员工对公司的理念、价值观没有认可度；大多数员工并没有全身心投入工作；几乎所有的艰辛和困苦都是老板自己一个人在扛；员工中很多是老乡、亲戚关系，裙带关系盛行；公司整个团队上千人，左看右看都像一群散兵游勇的杂牌军……

这是一个非常有代表性的案例。出现以上问题的原因在于，该企业在企业文化建设过程中遇到了以下困惑。

首先，对企业文化建设的认知程度很低。对企业文化的认知停留在物质的表层，以为做一些公关活动，广告推广、社会公益和职工的文化娱乐活动，或者觉得统一了着装，统一了企业的标识，做了形象设计，自己就已经很“文化”了，而漠视了企业文化中最本色的部分，即企业核心理念的确立与推广。

其次，忽视了文化建设的重点是对员工的教化。虽然设计了与企业文化有关的材料，但仅仅是把它设计出来、展现出来，然后束之高阁，说得严重一点，把企业文化当作一尊佛像供奉在那里。而缺乏对员工进行深层次的教化，没有得到员工的广泛认同，没有在员工心中扎根发芽，没有转化为员工真正的行动。

最后，企业文化建设中漠视人性。中国人人性中的一个弱点就是你跟他谈文化素养，谈人性关爱，他多半以为你有病。他会说，公司的氛围不好、沟通不通畅、执行力不强……但不会深层次地想想，这原来都是企业文化宣传不足的原因。

该公司在他们网站上所宣传的企业文化是：

产品文化：大胆创新，领先潮流；

员工文化：自信自强，无私奉献；

服务文化：消费者的需要是企业服务的方向；

……

而我在厂区观察到的情况却是：全公司近千人，只有一个公用厕所，建在离员工密集的厂区还有近百米的距离，而且很简陋，稍一靠近，就闻到刺鼻的异味……其他有待改进的地方这里不多说，可见公司对于员工人性关怀的重视严重不够。

一个成熟健康的企业文化是“以人为本”的。这种漠视人性关怀的做法是对社会不负责任的。

2. 企业文化的核心和误区

企业文化的重要性越来越受到人们的关注。一个企业如果有良好的文化氛围，成员就能够在轻松愉快的环境中工作，他们彼此信任，有共同的目标，能够互相合作，并爆发出极强的创造性和战斗力；而在那些没有企业文化或者有不好文化的企业里面，成员之间关系冷漠，上下级也缺乏沟通和信任，部门之间更是互相推诿，内耗严重，最终导致目标无法实现。

毛泽东说“没有文化的军队是没有战斗力的军队”。杰克·韦尔奇则说：“如果你想让列车时速再快10公里，只需要加一加马力；若想使车速增加一倍，你就必须要更换铁轨了。资产重组可以一时提高公司的生产力，但若没有文化上的改变，就无法维持高生产力的发展。”两个人的语言不同，但意思却都一致，那就是强调了文化对一个企业的重要性。

虽然常常有人说，要弘扬企业文化，要发扬团队精神，看起来很重视企业文化，但当你问他是如何打造企业文化的时，得到的回答却让你大失所望。很多人对企业文化的理解就是参加一些训练公司的团队训练项目，如分成几个团队进行齐力拉绳吊木桶比赛、拔河比赛、蜈蚣比赛、拉绳扎房子等活动，以为参加这些训练就能弘扬企业文化。还有一些人则实行“拿来主义”，把一些杰出企业的文化照抄照搬过来，认为这样就能让自己的企业具备优秀的文化。

这种打造企业文化的方式实际上是一种形式主义。真正的企业文化从来都不可能靠移植或复制形成。就如同一个公司的管理，只靠学习模仿西方公司的管理理念，而忽视了自己的成长环境，是永远不可能成功的。西方很多成功的管理模式一旦被引进中国就遭遇“不适用”的困境，就是这个原因，对于这一点，中小企业的老板要特别注意。

从20世纪90年代中期开始，中国餐饮业参考和模仿肯德基和麦当劳的标准化模式搞餐饮连锁。它们把自己的店面装饰得与麦当劳和肯德基很相似，包括统一装修风格、统一着装、统一餐具、统一食品供应，等等，甚至连麦当劳的“儿童乐园”也被照搬了过去，有的甚至紧紧跟在国外餐饮连锁企业后面模仿它们的一切经营方式和营销战略。然而，20多年过去了，成功者很少，成名者更少。这其中的原因固然是多样的，但毫无疑问，这些模仿者都违反了一个基本的规律，那就是它们都忽视了中西餐饮文化的差异。

中餐往往注重配料，精细而考究，千变万化，技巧繁多。从刀功来看，就要求眼、刀、心的一致配合，才能达到一定的境界。在烹制过程中还要做到对火候、味感的准确把握。出盘则是圆盘相托，一团和气，反映出中国人的聚气而生，以圆为主，平和而儒雅。可以说，灵巧而善于思考、理性而知性的中国人形象在饮食中被表现得淋漓尽致。

西餐文化与中餐文化有很大的区别，西餐文化是在西方传统文化的基础上，经过现代工业文化的不断改进而形成的，其中无形地渗透着西方文化传统的一些方面，如“平等”“自由”“卫生”“隐私”等文化内涵。

美国最多的还是快餐店，这可能与美国人的时间观念、生活方式有关。美国人素来讲究效率，也最不拘小节，快餐文化在美国的蓬勃兴起大概也和他们的这种秉性有关。快餐的卫生、高效、节约时间和休闲浪漫是西方快餐发展壮大的文化基础。

从文化的层面来看，中餐重视的是亲情、气氛、营养、形式；西餐更多重视的是效率、卫生。这种不同恰恰是中西民族文化差异的重要组成部分。如果无视这些差异，一味地向西方餐饮巨头学习，生搬硬套地挪用西方餐饮企业管理的经验和方法，而不针对中餐文化的特点加以改进，最终一定以失败而告终。中式餐饮的标准化连锁企业成功的很少，很大的原因就在这里。

如果管理模式的复制都很难成功，那么与生存环境有更紧密联系的企业文化，就更难以复制成功了。

事实上，一种好的企业文化是极其难以被模仿或者复制的。张瑞敏说：“海尔的核心竞争力就是海尔文化，海尔的什么东西别人都可以复制，唯独海尔文化无法复制。”由此可见文化的独特性。也正因此，我们在构建团队文化的时候，应该遵循内生式原则，而非拿来主义。

所谓内生式文化，其核心就是企业文化的形成并非模仿或复制于其他团队，而是从自己的企业内部诞生出来。在基于自有成长环境的基础上，对企业内部各成员的价值观、职业态度进行梳理提炼，最后所形成的一种对企业成长有利的文化，就是企业的内生式文化。

内生式文化的优势就在于它能更好地被企业成员接受。如果是把一种和大家的工作习惯截然不同的文化拿过来，强制大家学习，那人们就会产生排斥心理。内生式文化则不同，它是把大家在工作习惯中正面积极的共性部分提炼出来，把它变成一种原则，让大家遵守。

通常来说，企业只要有三个人以上（包括三个人），就会形成一种文化。这种文化可能是正面积极的，也可能是负面消极的。如何引导、提炼正面积极的文化，让它变成清晰可依的团队精神，需要企业领导有意识地构建。

构建内生式文化的第一要点就是不能偏离公司文化的氛围。每个公司都会有自己的文化氛围，这种氛围构成了不同于其他公司的文化特色。如果领导忽视了这一点，很容易就会进入误区。比如有的人进入一家新公司带领一个新团队，他觉得上一家公司的文化要比现有公司的文化优秀，于是就想把上家公司的文化移植过来，直接变成现有的团队文化。这种想法看起来很可行，殊不知却是一个很大的陷阱，很多职业经理人无法在新的公司里面干下去，就与此有关。

所以，无论原公司的文化如何优秀，在进入新公司后，你必须接受它既有的文化。要知道，每个公司的成长经历和环境不同，它所形成的文化也会表现出很大的差异性。海尔的文化不一定适应华为，联想的文化也不一定适应娃哈哈，但它们却都经营得非常好。因此，文化并没有绝对的好坏之分，而只有适合不适合的问题。

企业文化有四个组成部分。企业文化结构如图 10－1 所示。

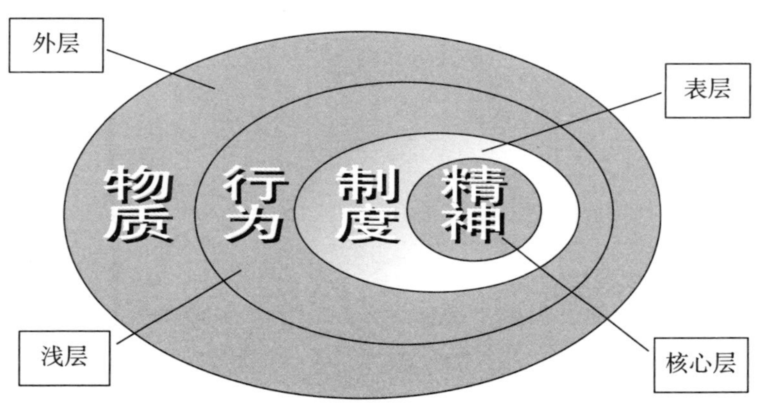

图 10－1　企业文化结构

企业文化的核心层是精神文化，表层是制度文化，浅层是行为文化，外层是物质文化。

企业文化的核心层是精神文化，它是无形的，即务虚；企业文化的其他层面是制度、行为、物质文化，包括公司所有的规章制度、员工行为规范要求、看得见的工装厂服形象标识以及公司的工资福利待遇等，它们都是有形的，即务实。

在企业培训中，很多朋友会问我一个问题：企业管理是该务虚，还是该务实？光务虚肯定是愚弄员工，叫愚民政策，不可取；光务实却是误导员工一切往钱看，结果是员工一味地跟公司谈价钱、讲条件，唯利是图，自私自利，叫误民政策。因此，光务实也不可取。企业管理既要务实，也要务虚，两者缺一不可！

管理中务实与务虚，两者的关系不是谁先谁后、谁有谁无，也不是谁大谁小，而是你中有我，我中有你，互动互补，也是相辅相成、相反相成的。

遗憾的是，中国市场经济发展 30 多年来，企业经营管理务实的部分一直没有松懈过，而务虚部分却几乎就没有被重视过。过去的几十年来，我们在物质方面比较匮乏，全力抓物质文明建设没有错。今天，温饱已经不再是问题了，我们需要及时将精神文明建设补起来。现在很多企业存在的管理困惑是：整个团队做起事来就是没态度、没状态！

先看没态度，这是很多企业的致命内伤。员工总是这么想：反正是为老板做、为公司做、为主管做，我是打工的，有活儿干我就干，没活儿干更好，反正工资少不了，做一天和尚撞一天钟；甚至出工不出力，就算出力也不用心，做起事来心不甘情不愿，整天跟老板搞内耗，还怪公司不加工资……

再看没状态。什么是真正的状态？在部队，一位连长接到上级命令要攻下六号高地，肯定会信心十足地告诉战士：兄弟们，今天我们一定要攻下六号高地！这样，首先是鼓舞了大家的士气。可是，在企业里面，我们却经常看到这样的现象，销售部李经理本月销售目标是达成200万元，而李经理连自己都没有信心，回到部门，面对下属的时候，他就会犹豫：今天接到上级指标，要我们本月达成目标200万元，伙伴们，我们能拿得下来就拿，拿不下来就算了。要是这样的心态，能达成目标吗？能打胜仗吗？很难。就算达成目标，也是侥幸。

有的主管更加过分，直接跟老板唱反调：老板站着说话不腰疼，200万元，他倒是说得轻松，也不管我们死活，伙伴们，我们能拿得下来就拿，拿不下来就算了。这样的主管，你怎能指望他带好部门。就更加别指望他能战胜困难完成更艰巨的任务了。

在企业中，此类的管理困惑俯拾即是。如何破解这些困惑？我们不妨看看前辈是怎么做怎么说的。在2009年中央电视台中国经济十年十大商业领袖的颁奖典礼上，张瑞敏接受记者采访时说：“我在多年的企业管理中体会到，企业资产表中的有形资产都不能增值，真正能让资产增值的是人力资源这个无形资产。如果把人力变成资源而不是负债，企业一定会充满活力。凡是能够永续经营、充满活力的企业，都会注重发挥人的积极性，而发挥人的积极性必须靠企业文化。”

在这段话中，张瑞敏所说的“企业文化”，指的是企业文化的核心层——精神文化，即务虚的部分。精神文化是企业的灵魂。它在企业管理中有多重要，从下面两个地方的故事，便可见一斑。

第一个地方的房子装修得豪华漂亮，电脑、电话等现代办公设备样样齐全，人们在里面衣着光鲜，辛勤工作，并一直尝试各种科学的管理方法……在这里，老板给人们发工资、奖金、福利……可是，我们却很少听到有人感激老板、感激主管；这里的人们老是感觉自己做得多、拿得少；这里的人们老是有很多冲突和矛盾；这里的人们老是觉得苦恼和痛苦……这个地方就是我们之中有些人所处的公司。

第二个地方没有现代化的房子，没有现代化的装修，也从来不招工，可是来这里的人却络绎不绝，而且来的时候还礼貌地行走，庄重地说话；这里也没有条件给工人发工资和奖金，可是人们不但不索取钱财，还毫不犹豫地施舍钱财；这里也没有什么花样翻新的科学管理，可是人们还对这个地方顶礼膜拜……这个地方就是寺庙。

为什么这两者间会有如此大的差别呢？其根本原因是这两个地方代表了人们不同的精神与信仰。

一代管理宗师彼得·德鲁克说过：任何组织，如果没有共同的精神追求和信仰，就只能是一群乌合之众，工作就会变成一种折磨。所谓的科学管理，最多也是延缓死亡的“安慰剂”。

那么企业中的精神与信仰是什么呢？那就是企业的核心理念。核心理念是企业文化的灵魂，也是整个企业的灵魂，是企业中所有思想、行为、制度等的统帅和总纲领。核心理念在管理中发挥着怎样的作用呢？

众所周知，员工团队是靠核心团队来驱动的，核心团队即干部团队。那核心团队又是靠什么来驱动的呢？是钱吗？不是。经过长期对世界500强企业的研究，特别是抽出了前18名的公司，再对照与他们同期的一般公司后，我发现：核心团队主要是为核心理念所驱动，而不纯粹为利润目标驱动。这个结论颠覆了很多管理者原来的传统观念。

追求利润只是目标之一，超越利润的追求是企业的核心理念。利润是企业生存的必要条件，而且是企业要达成目标的必要手段。为了更好理解这点，可以打个比方来说明一下。请问，人要生存需要哪些必要条件？氧气、食物、水源……这些东西都是生命存在的必要条件。那么人活着难道就是为了氧气、食物和水吗？当然不是。企业的利润就好比氧气、食物和水，它是企业生存的必要条件，但一定不是目的，超越利润的真正目的是企业核心理念。

那么究竟什么是核心理念，中小企业的管理者在企业核心理念建设中该如何发挥作用的呢？

3. 企业核心理念的制订

中小企业的管理者要正确理解企业文化的核心理念。

核心理念 = 核心价值观 + 使命

核心价值观是企业长盛不衰的根本信条，而使命是公司在赚钱之外存在的根本原因，不能和特定目标或者业务策略混为一谈。

（1）核心价值观的特征

优秀企业一般只有 3 ~6 个核心价值观。纵观世界 500 强企业，其核心价值观一般也不超过 6 个（而且大多数少于 6 个）。概括起来讲就是这 6 个方面的内容：关于经营的事业、关于产品、关于员工或团队、关于为人、关于工作作风、关于客户。

既然是核心价值的东西，自然它所涉及的方面就不会很广，而它是公司最为根本且最不可动摇的。如果一家公司设计了十几条之多的价值观，很可能是因为这家公司还没有真正考虑到本质的东西，或是混淆了核心价值（这些是不会改变的）和经营做法、商业谋略（这些应该应时而变）等，见表 10 –1。

表 10－1　　知名企业核心价值观示例

公司	核心理念	公司	核心理念
波音	领导航空工业；永为先驱 应付重大挑战与风险 产品安全与品质 正直与合乎伦理的业务 吃饭、呼吸、睡觉念念不忘航空事业	花旗银行	扩张主义：在规模、服务种类、地区设点方面采取扩张主义 遥遥领先：例如最大、最好、最能创新、获利最高 自主与企业精神（通过分权） 实利主义 积极进取与自信
福特汽车	人员是我们的力量源泉 产品是我们努力的终端成果（我们以汽车为业） 利润是必要的手段与衡量我们成就的指标 以诚实及正直为基础	通用电气	以科技及创新改善生活品质 在对顾客、员工、社会与股东的责任之间求取互相依赖的平衡（没有明确的等级之分） 个人责任及机会 诚实与正直
惠普	给我们从事的领域贡献技术（我们公司存在的目的是要做出贡献） 尊敬惠普人并给予他们机会，包括共享企业成功的机会 对我们所在的社区奉献与负责 提供顾客负担得起的高品质产品 利润与成长是使所有其他价值观与目标可能实现的手段	万豪	友善的服务与绝高的价值（顾客是贵客）；让离家在外的人觉得置身朋友当中，而且真正受人欢迎 人员第一，善待他们，给予高度期望，其余一切会随之而来 努力工作，但保持工作乐趣 不断自我提高 克服逆境，建立格调
索尼	体验以“科技进步、应用与创新”造福大众的真正快乐 提升日本文化与国家地位 做先驱：不追随别人，但是要做不可能的事情 尊重、鼓励每个人的能力和创造力	沃尔玛	我们存在的目的是为顾客提供物有所值的东西——用比较低的价格和比较多的选择改善他们的生活，其他一切都属次要 力争上游，对抗凡俗之见 和员工成为伙伴 热情、热心、认真工作 精简经营 永远追求更高的目标
宝洁	产品完美 不断自我提高 诚实与公平 尊重与关心个人	美国运通	英雄式的顾客服务 世界性的服务可靠性 鼓励个人的首创精神

提供这些知名企业的核心价值目的是让大家借鉴和学习，而非让你们生搬硬套它们的价值观。核心价值观并非来自追随外人的指令和研读管理书籍，也不是来自纯粹的智力运作，更不是拿来攀比和炫耀的。所以有必要了解一下核心价值观的特征，然后根据公司的发展需要，制订适合自己公司的价值观。

核心价值观有以下特征：

①制订核心价值观，应抓住自己企业真正的东西，不是抓住其他知名企业价值观定位的东西，也不是外界所认为的理念的东西。

②核心价值观是以企业的内在要素而存在，大致不受外在环境左右，也不是出于竞争需求或者追求管理时尚。

③优秀公司不是在成功以后才拥有崇高的理想和核心理念的，而是在它们还处于草创时期，核心理念就已经制订了。

④核心价值观的灵魂在于“真实与诚实”——没有人工调料，没有添加剂，没有糖精，完全百分之百纯度的“真”。

⑤对于任何一家公司而言，最关键的不是它拥有什么样的核心价值观，而是它是否拥有自己的核心价值观。

（2）如何制订中小企业的核心价值观

企业应采用“干部团队提炼法”来制订自己的核心价值观。之所以要这么做是出于两点原因的考量：首先核心价值观不是老板的“一言堂”，即不是最高领导者的一面之词；其次它也不是哪一位专家提供的“金科玉律”，它一定来自团队，而且是核心团队（即干部团队）。因为核心团队本身就是公司核心价值的典范——公司的遗传基因。

操作方法如下：

首先，请核心团队成员探讨以下6个问题：

第一，不管岁月如何变迁，你始终追求的、认为的，在你工作中最重要的价值观是什么？请举过往事例说明（6方面：关于经营的事业、关于产品、关于员工或团队、关于为人、关于工作作风、关于客户）。

第二，当你的孩子长大成人，在社会上工作时，你希望他在工作上传承什么精神（或者作风）？

第三，假如第二天一大早醒来，你突然拥有了一笔足够让你安度余生的财富，你还会继续工作吗？如果会，你为了什么？

第四，对于你现在持有的核心价值观，你确信100年后它还会像今天一样有意义吗？理由是什么？

第五，如果有人指出，你持有的核心价值将使你在竞争中处于不利地位，你会怎么应对？

第六，假如公司未来要进入一个全新的领域（与现在的业务大相径庭），你会为这个新的业务注入什么样的核心价值观？

特别说明一下，以上6大问题中，最后真正要的结论只在第一个问题中。那么，为何还要设计后面的几个问题呢？原因是为了不断考验和鞭策你是否相信和坚守你得出的第一个问题的答案；同时如果有所遗漏，还可以及时地补上，所以后面几个问题也是非常必要的。

其次，当大家各自回答完上述的第一个问题（关于6个方面的价值观）后，选出一名总指挥，可以是上级领导，也可以是老板，当然也可以邀请外部专家，站在第三者的立场往往更利于公正客观地帮助企业找到自身的核心价值观。总指挥带领干部队伍进入下一轮的讨论。

步骤如下：

第一步，把所有干部的答案汇总到一起（6个方面逐项汇总）；

第二步，先易后难，采用淘汰法，将明显不符合要求的意见淘汰；

第三步，接着采用归纳法，依序归纳出在不同干部中同时出现最多的那个价值观，此价值观便是团队中普遍认可和接受的；

第四步，归纳出“关键词”后，重新整理成完整通顺、喜闻乐见的表述，当同一价值观出现不同表述时，以民意表态，取意见多数者。

最后，当6个方面的价值观都提炼出来后，交给公司决策层最后裁决。裁决后，公司颁布执行。

(3) 使命的特征

中小企业的管理者不仅要了解公司的核心价值，还要正确认识公司的使命。因为它是你努力工作的根本动力，只有在充分认识、认可的基础上，才有可能为之奋斗不息。

在这个充满诱惑的时代背景下，身为企业管理者很容易受到外界的干扰，很容易朝三暮四。任何个人、任何干部、任何公司，尤其是小公司，都需要比任何时候更了解自己的使命，这样才可以帮助自己和团队把工作变得更加有意义，才能更大程度地开发员工的创造力和才能，才能吸引、留住和激励更多优秀的人才。正如管理大师彼得·德鲁克所说，任何一个组织，最优秀、最有奉献精神的人最终都是自愿者。所有的自愿者都是奔着使命而奋斗的。

使命是公司除了赚钱之外存在的根本动力。一个有效的使命反映了人们对事业的重视程度——决定了他们的动机，而不仅仅是对产品和目标客户的一种描述。它抓住了公司的灵魂，它表述的是公司在利益之上存在的深层原因。

使命，它可以延续上百年，不应该将其和具体的目标、商业战略（在经营中可能不断变化）混为一谈。尽管你可以达到一个目标或完成一项规划，但你很难完全实现自己的使命，使命就像是指引方向的恒星，可以永恒地追寻，却难以达到。尽管使命本身不会变化，却能激发改变。一个公司要想完全投身于它的使命，就要永远刺激变革和进步。如表 10 – 2 所示。

表 10 – 2　　核心使命示例公司/核心使命

卡吉尔	改善全世界的生活水平
惠普	为了人类进步、人类福祉做出技术贡献
玫琳凯	为女性提供无限机会
耐克	感受竞争、成功和挫败对手的激情
沃尔玛	让普通人有机会买到富人才买得起的东西
迪士尼	让人们快乐

核心使命的作用是引导和激励组织成员去实现一个又一个目标，取得一个又一个胜利。使命如果经过适当的构思，可以成为基础广泛、根本而长盛不衰的东西。优秀的使命可以长年指导和激励组织。

由于使命的主要作用是指引和激励，它的关键在于真实，不在于与众不同，不必独一无二。两家公司很可能会拥有很相似的使命，就像两家公司可能都坚信正直之类的价值观一样。例如，很多公司可以和惠普公司一样，以利用电子器材促成科学进步，增进人类的福祉，对社会做出贡献为使命，关键在于他们是否像惠普一样深信这一点，并且始终遵循不渝。

例如北京燕郊的一家钢制品集团的董事长曾咨询过我，是否可以将“我们为制造高品质的钢管而奋斗”列为核心使命。我认为，制造钢管只是公司目前的业务，假若100年后，房屋建设已经由其他新型建材取代了钢管，钢管业务被取缔，难道公司也得因此而停止吗？后来，该公司将核心使命改为：为了提高人们的生活品质、促进社会和谐而努力奋斗。这个更能激励组织不断进步。

与此相似，惠普的存在不是为了做电子测试和测量仪表，而是为了让人们的生活变得更好，做出技术上的贡献。想象一下，如果沃尔特·迪士尼把公司使命设为制造卡通片，而不是让人们快乐，很可能现在就不会有迪士尼乐园了。

我在为江苏一家专门为工矿企业生产防腐材料的企业咨询时，该公司的干部问我，是否应该把“生产防腐材料”作为他们的使命。我就问：“这个使命可以延续100年吗？”若干年以后，公司有没有可能会发现或创造出全新的、不用防腐材料也能达到防止腐蚀的技术？完全可能。该干部立刻恍然大悟，说：“我们不是为生产防腐材料而存在的，而是为了解决防腐问题。”最后，这家公司抓住了它的使命：“用创新的方法解决耐磨防腐问题。”在未来的100年中，这个使命都可以引导和激励团队不断前进。

（4）如何发现并提炼企业的真正使命

方法一："问为什么"法。

使用这一方法，每一位企业的管理者都可以轻松准确地帮助公司发现和提炼出真正的使命，同时也是在帮助自己探寻到努力奋斗的真正动力所在。操作步骤如下。

首先，从公司对产品或服务的描述开始，"我们制造了某产品"或者"我们提供了某服务"。把它用一句清晰明了的话描述出来，让旁人一听就知道公司所从事的是什么业务。

其次，立刻问："我们制造的这种产品重要吗?"毫无疑问，答案是"很重要"。紧接着问第一次为什么，就是"为什么说我们制造这种产品很重要呢?"答案必须是有逻辑的，而且是有直接的因果关系，回答的句式必定是"因为我们这么做会给人们（或客户）带来什么好处。"当第一个为什么的答案出来后，你会发现，公司的使命就出来或者开始接近了。

最后，在问了这几个问题之后，公司真正的使命就昭然若揭了。当然，如果你的经验丰富，就可以很快总结出公司所从事业务的真正使命。

在我们和一家浙江的服饰公司的合作中，我们用这个方法提炼出了该公司的使命。该公司的管理层首先开了几个小时的会，才得出下列有关他们公司使命的陈述："为市场提供最高品质的保暖内衣。"然后我们问："为什么提供最高品质的保暖内衣很重要?"讨论了一下后，他们的回答反映出公司使命的深层意义："提供最高品质的保暖内衣是为了使客户在寒冷的冬天也能保持身体的温暖，舒舒服服、暖暖和和地过冬、过年。"接下去的讨论让管理层意识到，他们的价值并不在于让客户在寒冷的冬天也能保持身体的温暖，而在于让客户的生活更加美好幸福。这一系列的发问帮助他们明确了公司的使命："为人们生活得更加美好而奋斗。"有了这个使命之后，公司在做产品决策时，想的问题就不再是："这有市场吗?"而是："这对我们客户的美好生活有帮助吗?"

我们还辅导过一家专门生产办公家具的公司。它们对产品的描述是："我们制造最舒适的办公家具产品。"问了几个问题之后，他们总结出办公家具产品很重要，因为办公家具的品质直接关系到人们工作时的感受，坐在一张不符合人体科学设计的办公椅上工作，会使人痛苦得难以忍受。从这个角度考虑，最后，这家公司的使命定为："让人们工作得更加舒适。"这些带着强烈使命感的话激励着公司的每一位员工，使公司成为该行业中的佼佼者。

方法二："杀死"公司法。

假设有人出高价买你的公司，这个价格使公司内外部的人都十分满意；同时，这个人可以用更吸引人的薪酬制度为所有员工提供稳定的工作。但是，这个人在购买了公司后要"杀死"公司，他要取消这家公司的产品和服务，把它的品牌永远地束之高阁不再使用。这家公司会在事实上消亡，完全从地球上消失，你还会愿意被这个人收购你的公司吗？为什么不愿意或为什么愿意？

如果公司不存在了，会有什么损失？为什么公司的存在是重要的？我们发现，这种方法对帮助那些精明、重利的经理们认真考虑所在公司存在的深层原因十分奏效。

（5）制订核心理念要注意什么

核心理念是不能"创造"和"发明"的，你只能去发现和提炼。理念的制订不是来自对外部环境的观察，而是来自内在的审视。理念必须是真实可信的。

不要问"我们应该拥有什么核心理念"而应该问"我们真正拥有什么

核心理念”。人们必须带着强烈的热情、深层次地去理解拥有的核心价值观和核心使命，否则拥有的就不是核心理念。

你认为公司“应该”拥有的价值，但又不能肯定是这个公司现有的，就不能把它作为真正的核心价值。这样做只会引起全公司的冷嘲热讽——你想骗谁啊，我们都知道这根本不是这里的核心价值！更准确地说，这样的愿望应该是你未来前景或战略的一部分，而不是核心理念。

核心理念起的作用是引导和激励，而不是做出区分。区分优秀公司与一般公司的不是核心理念的内容，而是核心理念的真实性、纪律性、一贯性以及它们配合的程度。就像是，让你更与众不同的不是你信仰什么，而是你相信的程度。当你深深信仰一种东西时，你就会长时间地保护它，而且会以同样的方式把它融入到你的生活中。

核心理念要对公司内部的人有意义，有激励作用，而不需要让所有的外部人为此感到振奋。只有公司内部的人才需要核心价值观的敦促，并激发其长期为公司的成功服务的热情。核心理念对公司外部人的影响是相对次要的。因此，核心理念起到了区分公司内部人和外部人的关键作用。一个表达准确的理念会吸引有同样价值观的人来到这家公司，同时，排斥与之相反的人。

不能把新的价值观和使命“安装”到人身上，核心价值观和使命不是什么可以让人批量买进的东西。人必须本来就有能够接收它的素质。我们只能去寻找、去吸引，去留住易于接受我们核心价值观、核心使命的人才，并让不易于接受我们核心价值观的人另谋高就。

阐明核心理念不是一个文字游戏，重点是要抓住实质，抓住核心价值观和核心使命的精髓，而不是为了载入史册写出咬文嚼字的完美宣言。

核心理念是企业出于自身发展的需要，它不需要理性和外界的肯定，也不会随着趋势和流行而摇摆，甚至不会跟着市场变化而变化。它甚至可以 100 年不变（见表 10－3）。

表 10－3　著名企业的核心理念

公司	核心理念	制订时间与倡导人	持续时间
强生	公司存在的目的是要“减轻病痛” 我们的责任层次分明：客户第一，员工第二，社会第三，股东第四 根据能力给予个人机会与报酬 分权＝创造力＝生产力	1886 年 罗伯特·约翰逊	124 年
默克	我们的事业是保护人类健康，提高人类生活质量 恪守诚信，坚持最高标准的商业道德操守致力于前沿科学研究，以我们的研究改善人类的生活质量 必须通过满足客户需求和有益于人类社会的方式获得利润 追求卓越，有竞争性地满足社会和消费者的需求 成功取决于员工的正直、知识、创新、技能、多元化、团队合作	1935 年 乔治·默克二世	75 年
宝洁	产品完美 不断自我提高 诚实与公平 尊重与关心个人	1859 年 普洛斯特/盖姆	151 年

由于中国市场经济发展才三十多年，暂时难以看出哪一家企业的核心理念能保持 100 年不变。但是，在西方市场经济发展的几百年历程中，我们可以看出：公司的核心理念一旦确定后，就指引和激励着团队为之奋斗不止，延续上百年而不轻易改变，也不会随着趋势和流行而摇摆，甚至不会跟着市场变化而变化。

在管理界，瑞士钟表业有句名言“企业永远不变的就是随时要变”。我们重新审视一下，它说的究竟对与不对？很明显，它只说对了一半。企业中有变的一面，就一定有不变的一面。变的是公司的经营思路，策略、做法等要应市场变化而变化。不变的是核心理念。

当然，在今后的管理中，企业管理者如何将这些思想进行多方面运用，甚至再创造，那就仁者见仁，智者见智了。我只能倾微薄之力，抛砖引玉而已。

4. 让企业文化更好地落地

企业文化如何落地？我将这么多年来，辅导很多企业的一些具体操作办法分享给大家作参考。

第一，工厂、办公室、文化墙布置及办公桌上张贴公司核心理念。

第二，把宣读公司核心理念列为公司会议的常规程序（会前、会后高喊）。天天喊，天天念，深入骨髓。正如“谎言说一千遍都变成真理”，人最难做的一件事就是自己打自己嘴巴。当核心理念深入到员工的潜意识后，再让他去违背或者触犯会比较难，长期坚持下去，老员工甚至会主动纠正新员工不符合公司价值观的行为。

第三，将公司核心理念的教导贯穿在整个新人培训与后续培训计划中。具体方法：首先收集与整理出公司内部符合公司价值观的经典案例和典型个人，成立案例库，编写教程，将分享精典案例作为新员工入职培训的第一堂课。如何收集案例：举行围绕公司核心理念的有奖征文竞赛。比如：自由命题，题材不限，但必须是来自公司的真人真事，中心思想必须围绕着公司的核心价值观，等等。然后进行公司核心理念的培训，一定要由资深的公司元老负责授课，它不是简单的知识传授，而是感情的传递、信仰的传承。

第四，公司内或部门内随时抽查。抽查方式可以多样化，比如业务培训会中随时抽查，有奖问答，书面问答、抽奖等。

第五，招聘时，将公司的核心理念制成易拉宝，用以吸引员工的关注，同时也可借此筛选出认同公司价值观的新员工。从员工入职起，不间断地塑造员工与公司核心理念一致的价值观；并且，干部的晋升严格遵循由内部逐级提升的原则。

第六，宣扬模范人物和模范事迹，组织员工持续地、不定期地举行先进事迹、先进个人的分享会。比如将先进个人和事迹的分享列为例会的例行程序之一，天天讲，月月学；每年评出“感动××十大人物”（每一个都是从不同层面和角度遵循公司价值观的典范），并在宣传栏张贴模范人物的画像与故事；发动客户举荐榜样，并且邀请客户写表扬信予以张贴；设立公司名人录等。

第七，隆重奖励符合公司价值观的模范个人和模范事迹，方法有设置月度、年度的例行奖励，奖励以“荣誉”为主，什么价值观就可设什么荣誉奖励，比如倡导快乐奋斗，就设“微笑天使奖”；倡导服务第一就设“最佳委屈承受奖”；倡导忠诚，就设“忠诚卫士奖”；倡导奉献，就设“老黄牛精神奖”；倡导挑战，就设“业绩冠军奖”，等等。奖励以及庆祝的方式一定要隆重，还要注意技巧，例如员工大会时大造声势地公开表扬；一定要有鲜花、掌声、荣誉证书或者奖杯；主持人煽情；背景音乐制造氛围等。

第八，用明显、有形的惩罚方式，惩处逾越价值观的员工。惩罚方式有降职、换岗、乐捐、记过、通报批评，甚至开除等。

第九，设立“特别工作日”。比如基层工作日，每月选出一天到基层工作；家庭日，周六设为家庭日，可着便装，甚至上班时间比平时稍晚；亲人日，不定期举行携带家人在公司联欢、聚会、外出旅游等活动。